相続空き家譲渡の3,000万円特別控除

―事例別の適用判断―

編著　塩野入　文雄（税理士）
　　　鈴木　　雅博（税理士）

著　梶野　泰子（税理士）
　　小林磨寿美（税理士）
　　分銅　雅一（税理士）
　　山岡　美樹（税理士）

新日本法規

す い せ ん

空き家の数は全国で900万２千戸にのぼり、そのうち賃貸用などを除いた空き家は385万６千戸と過去最高の戸数になっています（総務省：令和５年『住宅・土地統計調査』より）。

国税庁によると、令和３年の「相続空き家譲渡の3,000万円特別控除」は、平成28年の制度発足以後、適用件数が過去最高となり、初めて１万件の大台を超えました（前年比18.06％増）。

空き家が増加傾向にあることや、適用期限が令和９年12月末まで延長されたことなどから、特例の利用を検討するケースは今後もより増えていくと思われますが、適用要件が複雑なため、状況に合わせた適切な判断が求められます。

そのような中、新日本法規出版株式会社より、「相続空き家譲渡の3,000万円特別控除－事例別の適用判断－」が発刊される運びとなりました。

本書は、「空き家特例」に関し被相続人の居住用不動産（空き家とその敷地）の譲渡に係る様々な場面を取り上げ、同特例の適用可否を○、×、△の記号で示すとともに、適宜、図を加えて、法令・通達等に基づく判断のポイントを解説しています。

われわれ税理士が、「空き家特例」活用のアドバイスをする際に大いに役立つものと考え、ここに推薦する次第です。

令和６年11月

日本税理士会連合会
会長　太　田　直　樹

は　し　が　き

平成30年（2018年）５月に本書の前身である「Q&A　空き家をめぐる税務－空き家譲渡の3,000万円控除の特例を中心に－」を固定資産税や不動産登記関係の記述を含めて出版しました。そして、この約６年半の間に、空き家問題や所有者不明土地問題が我が国における政策課題の中で、その重要性を増してきたことは改めて申し上げるまでもありません。

令和６年９月に公表された総務省の調査結果によると、令和５年10月１日現在における賃貸・売却用及び二次的住宅を除く空き家は385万６千戸になっており、前回調査の平成30年に比べて37万９千戸増加し、総住宅数に占める割合が5.9％になっています。

また、最近の事象として、超高額なマンションが販売される一方で、「負動産」という造語も日常的に見聞きすることが多くなってきています。さらに、令和６年４月に施行された不動産の相続登記申請の義務化など各種施策が順次実施されてきており、不動産の利用やその活用などに影響を及ぼしています。

このような状況の下で、相続した空き家の利活用を促進する一助となっている租税特別措置法35条に規定されている相続空き家譲渡（被相続人居住用財産の譲渡）の3,000万円特別控除の特例は大きな役割を果たしており、国土交通省資料によると、同特例の適用を受けるために必要な市区町村長による「確認書」の交付実績も令和５年度で13,711件（制度創設時の平成28年度からの累計77,357件）になっています。

そこで、今回の本書の出版に当たって、記述対象を同特例に絞るとともに、同特例に固有な適用要件を注視しつつ、具体的な記述内容を特例適用の可否に関する事例判断（○、×、△方式）に改めました。

無論、土地政策などの議論は別としても、同特例は世代間における「資産継承」、あるいは、個々の不動産の利活用、法務と税務との関係など全体的、総合的な文脈の中で捉える必要があります。

例えば、税務一つをとってみた場合でも、空き家とその敷地を相続により取得した際に生じてくる課税関係は、相続税をはじめとして、相続空き家譲渡の特例の適用の可否など、その遺産についてどのように分割協議を行うのか（どのように取得するのか）という点が、その税負担を大きく左右してきます。また、相続空き家譲渡の特例と他の特例との選択適用の関係を踏まえた検討が必要になるなど、実際の課税場面における適用関係に関する税務判断は相応に複雑なものになっています。

さらに加えて、個別具体的な譲渡事案には、本書に記述した事例に比べて、より多種多様なケースがあると承知しています。

このような点を踏まえ、本書が相続空き家の譲渡に関わりを持つ税理士や不動産業者等の皆様にとっていささかでもお役にたつことを願っております。

令和６年11月

執筆者を代表して
塩野入　文　雄
鈴　木　雅　博

編著者・著者一覧

＜編著者＞

塩野入　文　雄（しおのいり　ふみお）（税理士）

鈴　木　雅　博（すずき　まさひろ）（税理士）

＜著　者＞（五十音順）

梶　野　泰　子（かじの　たいこ）（税理士）

小　林　磨寿美（こばやし　ますみ）（税理士）

分　銅　雅　一（ぶんどう　まさかず）（税理士）

山　岡　美　樹（やまおか　よしき）（税理士）

凡　　例

1　用　語

本書では、原則として次のように簡記しています。

① 相　続

相続又は遺贈（死因贈与を含みます。）による取得事由（取得原因）を指しています。

② 相続人

相続人及び包括遺贈を受けた個人（包括受遺者）を指しています。

③ 敷地・土地

その所有権である場合のほか、借地権などの土地の上に存する権利に該当する場合を含みます。

④ 老人ホームへの入所

租税特別措置法施行令23条８項が規定する要介護認定等を受け、所定の住居又は施設へ入居又は入所することを指しています。

2　第２部の各事例について

（1）　各事例における冒頭の「判断」欄は、相続空き家譲渡の特例の適用に関する可否について、次の記号で示しています。

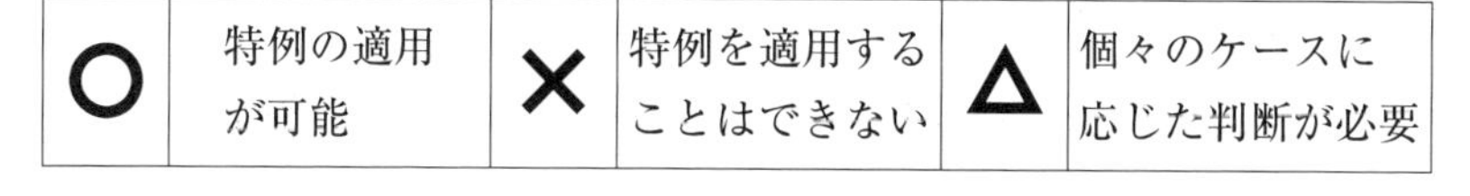

○	特例の適用が可能	×	特例を適用することはできない	△	個々のケースに応じた判断が必要

（2）　原則として、各事例の判断事項に直接的に関わる項目以外の相続空き家譲渡の特例適用要件を充足していることを前提として記述しています。

3　法令等の表記

根拠となる法令等の略記例及び略語は次のとおりです。

租税特別措置法第35条第２項第１号＝措法35②一

所法	所得税法	地法	地方税法
所令	所得税法施行令	法令	法人税法施行令
相法	相続税法	消基通	消費税法基本通達
措法	租税特別措置法	所基通	所得税基本通達
措令	租税特別措置法施行令	措通	租税特別措置法関係通達
措規	租税特別措置法施行規則		

4　判例等の表記

根拠となる判例等の略記例及び出典の略称は次のとおりです。

最高裁判所昭和58年３月18日、家庭裁判月報36巻３号143頁
＝最判昭58・３・18家月36・３・143

国税不服審判所平成14年８月29日裁決、裁決事例集64集152頁
＝平14・８・29裁決　裁事64・152

判時	判例時報
家月	家庭裁判月報
裁事	裁決事例集

5　法令等の基準日

本書の記述は、令和６年10月１日現在の法令や公表資料に基づいています。

目　次

第1部　概　説

第2部　事例別適用判断

1　特例対象者（本特例の適用が可能な者）

2　被相続人が一人住まいであることの要件

3　被相続人が老人ホームに入所等していた場合

4　被相続人居住用家屋及び敷地等の要件

5　一の建築物・譲渡価額（1億円以下）の要件

8 譲渡先の要件（制限）

9 他の特例との適用関係

10　その他

索　　引

第 1 部

概　説

第1　概　要

1　特例の概観

「相続空き家譲渡の特例」（被相続人居住用財産の3,000万円特別控除の特例）は、租税特別措置法35条3項が規定している譲渡所得の特例です（同条1項が規定する居住用財産を譲渡した場合に該当するとみなして、同項の3,000万円の特別控除が適用されます。）。

その主な適用要件等は、次のとおりです。

① 相続開始直前において被相続人が一人で居住していた昭和56年5月31日以前に建築された家屋及びその敷地を、次の②に該当する者が取得していること（注1）。

② その譲渡者が上記①に該当する譲渡資産を相続又は遺贈（死因贈与を含みます。）（注2）により取得した相続人又は包括遺贈を受けた個人（包括受遺者）（注3）であること。

③ 平成28年4月1日から令和9年12月31日までの間に、被相続人の相続開始日から3年を経過する日が属する年の12月31日までに譲渡していること。

④ 相続開始後、次の㋐又は㋑のいずれかの時までに（注4）、ⓐその家屋に耐震基準適合のリフォームを行うこと、又は、ⓑその家屋全部の取壊しを行うこと。

㋐ 譲渡の時まで

㋑ 譲渡の時から、その譲渡の日の属する年の翌年2月15日まで

したがって、本特例の適用を受ける譲渡の態様には、次のパターンがあります。

（ⅰ） 譲渡の時までに家屋をリフォーム……リフォーム後の家屋の譲渡又は同家屋及びその敷地の譲渡

（ⅱ） 譲渡の時までに家屋を取壊し……その敷地の譲渡

（ⅲ） 翌年2月15日までに家屋をリフォーム又は家屋全部を取壊

し……リフォーム前の家屋の譲渡又は同家屋及びその敷地の譲渡

⑤ その譲渡の対価の額が1億円以下（注5）であるなど、一定の要件を充足していること。

これらの要件を充足している場合、所定の申告手続を行うことによって、その譲渡所得の金額から最高3,000万円（注6）までの特別控除額を控除できます。

（注1） マンションなどの区分所有建物を除きます。また、相続開始直前において被相続人が老人ホームに入所していたため、その家屋に居住していなかった場合、「対象従前居住の用」に係る措置が別途定められています（措法35⑤かっこ書：平成31年4月1日以降の譲渡に適用）。

（注2） 以下、これら3つの取得事由を原則として「相続」と簡記します。

（注3） 以下、これら二者を原則として「相続人」と簡記します。

（注4） ㋑は、令和6年1月1日以降の譲渡について適用されます。

（注5） その家屋や敷地を分割して譲渡した場合などに関して、一定期間における対価の額の合計額などによって本特例の適用の可否を判定する取扱いになっています。

（注6） 令和6年1月1日以降の譲渡については、相続によって3人以上の相続人で取得した場合、適用可能な特別控除額が異なります（一人の譲渡者について、2,000万円が特別控除額の上限になっています。）。

この第1部では、本特例の適用要件の全体像を概観しています。また、具体的な課税場面で生じてくる留意点や疑問点などについては、第2部に記述しています。

2 背 景

（1） 新しい土地問題

往時、「土地問題」といえば、＝（イコール）「地価（抑制）問題」でした。しかしながら、昨今は、「空き家問題」や「所有者不明土地問題」が『新しい土地問題』として、その対応等が我が国における重要な政策課題になっています（注）。

（注）　所有者不明土地問題への対応策として、令和３年４月に民法、不動産登記法などの一部改正が行われ、また、「相続等により取得した土地所有権の国庫への帰属に関する法律」が制定されました。そして、具体的相続分による遺産分割の時的限界（時間的限界）や相続登記申請の義務化など様々な措置が順次、施行されてきています。

（２）　土地基本法の改正

空き家問題や所有者不明土地問題などが生じてくる原因の根源には、我が国における少子高齢化（人口減少社会）の急速な進展や土地の資産としての有利性に関する国民の意識の変化があることはいうまでもありません（ちなみに、「負動産」という造語も度々目にするようになってきており、また、ケースによっては、不動産業者などに金銭を払って不要な土地や建物を引き取ってもらう事例も見受けられるようになってきているようです。）。

これら諸点の象徴的な顕れの一つとして、バブル期の平成元年12月に制定された「土地基本法」が令和２年３月に改正され、例えば、次表のとおり、その第１条（目的）に、①土地所有者等の責務や②現在及び将来における地域の良好な環境の確保などの目的が新たに規定されました。この改正の背景になった事象として、「空き家問題」や「所有者不明土地問題」などがあったことは明らかです。

○土地基本法の改正（新旧対照表）

改正前	現　行
（目的） 第１条　この法律は、土地についての基本理念を定め、並びに国、地方公共団体、事業者及び国民の土地についての基本理念に係る責務を明らか	（目的） 第１条　この法律は、土地についての基本理念を定め、並びに土地所有者等、国、地方公共団体、事業者及び国民の土地についての基本理念に係

にするとともに、土地に関する施策の基本となる事項を定めることにより、適正な土地利用の確保を図りつつ正常な需給関係と適正な地価の形成を図るための土地対策を総合的に推進し、もって国民生活の安定向上と国民経済の健全な発展に寄与することを目的とする。	る責務を明らかにするとともに、土地に関する施策の基本となる事項を定めることにより、土地が有する効用の十分な発揮、現在及び将来における地域の良好な環境の確保並びに災害予防、災害応急対策、災害復旧及び災害からの復興に資する適正な土地の利用及び管理並びにこれらを促進するための土地の取引の円滑化及び適正な地価の形成に関する施策を総合的に推進し、もって地域の活性化及び安全で持続可能な社会の形成を図り、国民生活の安定向上と国民経済の健全な発展に寄与することを目的とする。

（注）　下線が改正部分です（令和２年３月31日法律12号）。

3　空家等対策の推進に関する特別措置法の制定と税制改正

（1）　特別措置法の制定

空き家問題に対応するための「空家等対策の推進に関する特別措置法」が平成26年11月に制定、平成27年２月26日に施行され（一部、その施行時期が異なっていた条項がありました。）、各種の施策が講じられてきています。なお、同法15条２項（財政上の措置及び税制上の措置等）〔現行条文：29条〕に「国及び地方公共団体は、前項に定めるもののほか、市町村が行う空家等対策計画に基づく空家等に関する対策の適切かつ円滑な実施に資するため、必要な税制上の措置その他の措置を講ずるものとする。」と規定されています。

（2）　税制の対応（税制改正）

上記の空家等対策の推進に関する特別措置法15条２項の規定を受け、まず、平成27年度税制改正における地方税法349条の３の２（住宅用地に対する固定資産税の課税標準の特例）などの改正によって、固定資産税及び都市計画税における住宅用地の課税特例（減額特例）の適用対象から「特定空家等」の敷地が除かれました（注）。

（注）　令和５年６月の空家等対策の推進に関する特別措置法の一部改正により地方税法349条の３の２が改正されて、「管理不全空家等」の敷地も特例対象から除かれました。

そして、所得税については、平成28年度税制改正により租税特別措置法35条の改正が行われ、本書のテーマである「相続空き家譲渡の特例」（措法35③）が創設され、その後、平成31（令和元）年度及び令和５年度の２回の改正が行われて現在に至っています。

①　平成28年度税制改正

㋐　制度創設

改正前から租税特別措置法35条に規定されていた譲渡者本人の居住用財産の譲渡に関する特例規定に、追加条文として相続空き家譲渡の特例が規定され（措法35③ほか）、平成28年４月１日以降の譲渡に適用されています。本特例の創設の趣旨は、周辺の生活環境に悪影響を及ぼす空き家に、その譲渡に伴う税負担の軽減を図ることを通じ、空き家又はその敷地の有効活用を図り、地域社会の生活環境に悪影響を及ぼす空き家の発生の未然防止を図ることにあります。また、「相続により生じた空き家であって旧耐震基準の下で建築されたものに関し、相続人が必要な耐震改修又は除却を行った上で家屋又は敷地を売却した場合の譲渡所得について特別控除を導入することとされたものです。」（注）と説明されています（財務省HP「平成28年度税制改正の解説」151頁）。

（注）　本特例は、被相続人居住用家屋に耐震基準適合のリフォームを行うか、あるいは、家屋の全部取壊し等を行うことが適用要件になっています。その理由は、本特例創設時において前提となった当時の空き家の状況が、その４分の３が昭和56年５月31日以前の旧耐震基準の下で建築され、その約半数が耐震性を有していないと推計されたことによ

ります（財務省HP「平成28年度税制改正の解説」151頁）。

㋑　適用期限

平成31年12月31日まで（3年間）

② 平成31（令和元）年度税制改正

㋐　適用対象の拡張

相続空き家譲渡の特例の適用対象となる被相続人居住用家屋とその敷地（相続開始直前に被相続人が一人で住んでいた一定の家屋とその敷地）について、被相続人が相続開始直前に老人ホームに入所していた場合であっても、相続税の小規模宅地等の課税特例（措法69の4）と同様の措置が講じられ、平成31年4月1日以後の譲渡に適用されました（平31法6改正法附則34⑥）。具体的には、その家屋に一人で居住していた被相続人が要介護認定等を受けて老人ホームに入所等していたなど一定の「特定事由」により相続開始直前において、その家屋（及び敷地）が被相続人の居住の用に供されていなかった場合であっても、老人ホーム入所後に、その家屋（被相続人が居住の用に供していた部分）と敷地が事業や貸付の用に供されていなかったことなど一定の要件を充足している場合は、その家屋及び敷地が、「対象従前居住の用」に供されていた家屋及び敷地として本特例の適用対象とされ、特例の対象となる譲渡資産の範囲が拡張されました。

㋑　適用期限の延長

令和5年12月31日まで（4年延長）

③ 令和5年度税制改正

㋐　適用対象の拡張

令和5年度税制改正前の（令和5年分までの譲渡に係る）相続空き家譲渡の特例の適用は、相続開始後、譲渡時までに被相続人居住用家屋に耐震基準適合のリフォームを行うか又は家屋の全部取壊し等（全部除却、あるいは全部滅失を含みます。）を行っている必要がありました。この要件に関して、令和５年度税制改正により本特例の適用対象となる譲渡の範囲に、被相続人居住用家屋又はその敷地の譲渡の時から、譲渡の日が属する年の翌年２月15日までの間に、ⓐ家屋と敷地の譲渡については、その家屋に耐震基準適合のリフォームを行った場合、又は、ⓑ敷地だけの譲渡については、その家屋の全部取壊し等を行った場合が加えられました。

この譲渡の範囲の拡張は、令和６年１月１日以降の譲渡に適用されており（令５法３改正法附則32③）、売主による譲渡後、所定の期日までに買主側の対応により家屋の耐震基準適合のリフォーム、又は、家屋の全部取壊し等を行っている場合についても本特例の適用が可能になりました。

㋑　特別控除額の一部引下げ

被相続人居住用家屋及び同敷地を相続によって取得した相続人の数が３人以上である場合、１人の譲渡者に適用可能な特別控除額が2,000万円に引き下げられ（改正前は取得した相続人の数にかかわらず１人につき3,000万円でした。）、上記㋐の改正と同じ令和６年１月１日以降の譲渡に適用されています（令５法３改正法附則32③）。

㋒　適用期限の延長

令和９年12月31日まで（４年延長）

第2　特例の適用要件（概観）

相続空き家譲渡の特例は、相続開始直前に被相続人が一人住まいをしていた被相続人の居住用財産であった家屋及び同敷地を相続によって取得した相続人が譲渡した際、次表の特例適用要件の全てを充足している場合、その譲渡所得の金額から3,000万円までの特別控除額を控除できる特例です。

なお、個々の適用要件に関する具体的な説明は、次の第3及び第2部に記述しています。

また、これらの特例適用要件を規定している租税特別措置法35条の規定構成を第1部末尾に「【参考】租税特別措置法35条の規定構成（概観表）」として取りまとめていますので参照してください。

○相続空き家譲渡の特例（適用要件概観表）

No.	要　件
1	特例対象者（本特例の適用が可能な者（譲渡者）） ①　相続又は遺贈（死因贈与を含む。）により対象家屋及び同敷地を取得した者 ②　相続人以外の者（個人）への適用　その者が包括受遺者であること
2	特例対象資産（本特例の適用が可能な譲渡資産（被相続人居住用家屋又はその敷地（土地若しくは土地の上に存する権利、譲渡所得の基因となる不動産等の貸付けを含む。））） ①　家屋の建築時期　昭和56年5月31日以前 ②　家屋の相続開始直前の利用状況　被相続人による一人住まい（老人ホームに入所していたケースに関する緩和措置が講じられている。） ③　主たる居住用家屋で一の建築物（部分適用）　離れなどの適用除外

	④　相続開始後の利用制限　事業、貸付け、居住の用に利用していない
3	譲渡態様 ①　譲渡の時期（相続開始日との関係）　相続開始日から相続開始後3年を経過する日の属する年の12月31日までの譲渡（令和9年12月31日までの譲渡） ②　家屋と敷地を譲渡する場合　耐震基準に適合する家屋のリフォームを行うこと ③　敷地のみを譲渡する場合　家屋の全部の取壊し等を行うこと ④　リフォーム又は家屋の取壊し等の時期　譲渡の時まで又は譲渡の日の属する年の翌年2月15日まで（後者は令和6年1月1日以降の譲渡に適用可） ⑤　譲渡先による適用制限（適用不可となる要件） ・一定の親族　配偶者、直系血族など ・一定の同族会社など　発行済株式総数50％超など
4	対価要件　1億円以下　次の三つの要件による判定場面 ・居住用家屋取得相続人　・対象譲渡資産一体家屋等に係る対価 ・適用前譲渡、適用後譲渡
5	特別控除額3,000万円の適用制限 ・3人以上の相続人による被相続人居住用家屋及び同敷地の取得に係る譲渡　特別控除額を2,000万円に引下げ
6	他の特例との適用関係（併用適用の制限） ①　相続税の取得費加算特例（措法39）併用不可 ②　その他の特例との関係
7	連年適用等に関する制限（1回だけの適用） ・一の被相続人居住用家屋に係る分割譲渡への適用制限
8	申告手続（添付書類） ①　申告書への所定事項の記載及び所定の添付書類 ②　市区町村長による確認書　ほか

第3 本特例の適用要件（個別的内容）

1 特例対象者（本特例の適用が可能な者）【主な参照事例：1－1～1－11、10－5】

相続空き家譲渡の特例の適用を受けることができる者は、相続によって被相続人居住用家屋及び同敷地を取得した者に限られています。すなわち、租税特別措置法35条3項柱書に「相続又は遺贈（……）による被相続人居住用家屋及び被相続人居住用家屋の敷地等の取得をした相続人（包括受遺者を含む。……）が、……」（下線は筆者が付記）と規定されています。このような制限が付された理由は、㋐空き家の主な発生原因が相続によると捉えられているためです。そして、㋑相続人は空き家の取得に伴って、その空き家に係る一定の維持・管理に関する義務を負うことになるので、そこに税制上の配慮を講じる必要性を見出しているからです。したがって、本特例を適用できる譲渡者は、

① 被相続人居住用家屋及びその敷地を
② 相続又は包括遺贈（死因贈与を含みます。）により取得した者（個人）に限られています。

このため、被相続人居住用家屋又は同敷地のみのいずれか一方だけを相続によって取得した相続人は、たとえその譲渡があったとしても、本特例を適用することはできません（措通35－9）。

なお、相続人以外の者（個人）に対する遺贈については、包括遺贈によることが必要であって（注）、被相続人居住用家屋及び同敷地を取得した者であっても、特定遺贈による取得者については本特例を適用できません（ただし、相続人に該当する者が空き家を特定遺贈によって取得して譲渡した場合については、本特例の適用が可能です。）。

（注） 包括受遺者は、民法990条（包括受遺者の権利義務）によって、相続人と同一の権利義務を有するとされています。

２　特例対象資産と適用関係

（１）　特例の適用が可能な譲渡資産の要件

相続空き家譲渡の特例の適用対象となる譲渡資産は、相続開始直前において被相続人が居住の用に供していた家屋とその敷地であって、次のアからウの要件をいずれも充足していることが必要です。

なお、この要件を充足する家屋を「被相続人居住用家屋」といい、その敷地を「被相続人居住用家屋の敷地」といいます（措法35⑤）（注）。

（注）　被相続人が老人ホームに入所し、自宅に相続開始直前に居住していなかったケースに関する緩和措置が講じられています（次のウ（イ）参照）。

ア　家屋の建築時期が、昭和56年５月31日以前であることが必要です（措法35⑤一）。前述した本特例の創設時における空き家の実状の捉え方に応じた要件になっています。

イ　区分所有建物（分譲マンションなど）は適用対象になっていません（措法35⑤二）（注）。

（注）　いわゆる戸建て住宅の空き家が問題になっているからです。もっとも、将来的には、分譲マンションなどについても戸建住宅と同様の問題が生じてくることが少なからず予想されます。

ウ　家屋の相続開始直前の利用状況や利用制限に関する要件は次のとおりです。

（ア）　原則【主な参照事例：２－１～２－３、２－７、４－１～４－３】

相続開始直前において、その家屋に被相続人以外に居住していた者がいなかったこと、すなわち、被相続人が一人住まいしていた家屋であることが必要です（措法35⑤三、措通35－12）。

この点は、店舗兼住宅等であっても被相続人以外の者がその家屋に居住していなければ、この一人住まいの要件を充足します。

一方、自宅兼アパートなどについては、その家屋に被相続人以外の者が居住していたことになり、一人住まいの要件を充足しないので本特例を適用することができません。また、相続開始後、その譲渡の時まで、その家屋と敷地が空き家とその敷地であったこと、すなわち、事業、貸付又は居住の用に供されていなかったことが必要です（措法35③二イほか）（注）。

（注）　家屋の取壊し後の譲渡は、その取壊しの時から譲渡の時まで建物や構築物の敷地の用に供されていないことが必要です（措法35③二ハ）。

（イ）　緩和措置（老人ホーム入所のケース）【主な参照事例：3－1～3－4】

被相続人が老人ホームに入所していたことにより相続開始直前に空き家になっていた家屋（同敷地）についても、本特例の適用が可能です（その家屋を、「対象従前居住の用」に供されていた家屋といいます。）。

その具体的な適用要件は、まず第１に、

①　被相続人が、「特定事由」、すなわち、一定の施設に該当する老人ホームに入所する直前に要介護認定等を受けていたこと（措令23⑧、措規18の２③）（注１）、

②　その入所直前に従前居住の用に供していた家屋に被相続人が一人住まいであったことが必要です。

第２に、被相続人が老人ホームに入所後、相続開始直前までの間、

③　その家屋が、被相続人の物品の保管その他の用途に供されていたこと（措令23⑨一）（注２）及び

④　その家屋が、事業の用、貸付の用又は被相続人以外の者の居住の用に供されていないこと（措令23⑨二）（注３）が必要です。

（注１）　相続税の小規模宅地等の課税特例（特定居住用宅地等：措法69の４③二）は、相続開始直前に要介護認定等を受けていることが要件になっています。一方、本特例は、入所時に要介護認定等を受けていたことが求められている点で、両者の要件が異なっています。
（注２）　この要件は、相続税の小規模宅地等の課税特例にはありません。
（注３）　後述（４）の相続開始後における利用制限もある点に注意が必要です。

（２）　部分適用Ⅰ（被相続人の居住用部分への適用）【主な参照事例：２－４～２－６、４－８・４－９】

相続空き家譲渡の特例の適用対象になるのは、上記（１）の被相続人居住用家屋と同敷地について、相続開始直前（あるいは、老人ホーム入所の直前）に、被相続人が居住の用に供していた部分に限られます（措令23④一ほか）。この部分判定に関しては、本人居住用財産の譲渡の特例（措法35②）と同様であり、例えば、店舗兼住宅については、被相続人が居住していた部分に本特例の適用が限られます（本書では、この要件を便宜的に「部分適用Ⅰ」といいます。）。

一方、本人居住用財産の譲渡特例と異なる点は、例えば、自宅兼アパートなどは、その家屋に被相続人が一人住まいをしていないので本特例を適用することができません（本人居住用財産の譲渡の特例は、部分判定による特例適用が可能です。）。なお、その敷地（部分）の判定に関しては、租税特別措置法関係通達35－15《被相続人居住用家屋が店舗兼住宅等であった場合の居住用部分の判定等》により、同通達31の３－７《店舗兼住宅等の居住部分の判定》の定めが準用されています。また、その土地（敷地）に２以上の建築物がある場合（例えば、母屋、離れ、倉庫、車庫などがある場合）、次の「（３）　部分適用Ⅱ」の要件によって、本特例の適用範囲が限られてきます。

（３）　部分適用Ⅱ（主たる一の建築物への適用制限など）【主な参照事例：４－４～４－７】

相続空き家譲渡の特例には、上記（２）の一般的な居住用部分の判定による部分適用Ⅰとは別に、本特例に固有の部分適用に関する要件が設けられています（本書では、この要件を便宜的に「部分適用Ⅱ」といいます。）。

①　「一の建築物」への適用制限

具体的には、本特例の適用は、被相続人居住用財産が一団の土地（借地権など土地の上に存する権利を含みます。）に母屋、離れ、車庫、あるいは倉庫などの２以上の建築物よって構成されていた場合、被相続人が主として居住の用に供していた「一の建築物」に限られています。この要件は、家屋に関しては、租税特別措置法施行令23条10項に「……相続の開始の直前（……）において、被相続人の居住の用に供されていた同項各号に掲げる要件を満たす家屋であつて、当該被相続人が主としてその居住の用に供していたと認められる一の建築物に限るものとする。」と規定されています。

被相続人が居住していた家屋が一の建築物になっているケースにはこの問題は生じてきませんが、２以上の建築物（母屋、離れ、倉庫、車庫など）によって構成されている場合が少なくありません。そのような場合、譲渡者本人の居住用財産の譲渡の特例（措法35②）と異なり、本特例の適用対象となる被相続人居住用家屋は、被相続人が主として居住の用に供していた一の建築物（母屋）に限られています。

②　敷地への適用関係

上記①の一の建築物への適用制限に呼応して、その敷地（土地）への適用は、租税特別措置法施行令23条11項において「……相続の開始の直前（……）において<u>前項に規定する家屋の敷地の用に供されていたと認められる</u>ものとする。……」（下線は筆者が付記）と規定されています。そして、同項は続けて「この場合において、当該相続の開始の直前において<u>当該土地が用途上不可分の関係にある２以上の建築物のある一団の土地であつた場合</u>には、当該土地のうち、当該土地の面積に次に掲げる床面積の合計のうちに第一号に掲げる床面積の占める割合を乗じて計算した面積に係る土地の部分に限るものとする。」(下線は筆者が付記）規定されています。

これらの規定を受けて、母屋や離れなどの敷地のように、相続開始直前において「用途上不可分の関係にある２以上の建築物」がある一団の土地であった場合、本特例の適用対象となる地積（部分適用Ⅱの地積）の具体的な計算方法が租税特別措置法関係通達35－13《被相続人居住用家屋の敷地等の判定等》に次のように示されています。

（算式）

$$\left(\text{その一団の土地（敷地）の面積（A）} \times \frac{\text{相続開始直前における一団の土地にあった被相続人居住用家屋（上記①）の床面積(B)}}{\text{(B)} + \text{相続開始直前における一団の土地にあった被相続人居住用家屋（上記①）以外の建築物の床面積}} \times \frac{\text{譲渡した土地の面積}}{\text{(A)}} \right)$$

（注）上記算式中、土地の面積には被相続人以外の者が所有していた土地の面積が含まれ、また、建築物には被相続人以外の者が所有していた建築物が含まれます（措通35－13（注）１・２)。

（４）相続開始後における利用制限【主な参照事例：７－１～７－４、９－９】

ア　相続空き家譲渡の特例の適用対象となる譲渡は、次の３(２)に触れているように、㋐「被相続人居住用家屋又は被相続人居住用家屋と同敷地の譲渡」、又は、㋑同敷地のみの譲渡、すなわち「家屋の全部取壊し等を行った場合の譲渡」の二つの態様に区分され、それぞれの態様に応じて、家屋と敷地に関する利用制限が次のとおり規定されています（注)。

（注）老人ホーム入所のケースについて、その入所後相続開始までの利用制限がある点は前記(１)ウ（イ）④に触れたとおりです。

①　被相続人居住用家屋と同敷地の譲渡（措法35③一イ）

相続時から譲渡時までの間、事業の用、貸付けの用又は居住の用に供されたことがないこと。

なお、譲渡後、譲渡のあった日の属する年の翌年2月15日までに家屋のリフォームを行う場合、あるいは、家屋全部の取壊しを行う場合に関する利用制限も同じように、譲渡の時までの制限になっています（措法35③三）。

② 家屋の全部取壊し等を行った場合の譲渡（更地にした後の譲渡）（措法35③二イ～ハ）

㋐ 家屋の取壊し等の前後を通じて、事業の用などに供されたことがないこと。

㋑ 旧家屋の取壊し等の時から、譲渡の時まで、建物・構築物の敷地の用に供されたことがないこと。

イ　上記①及び②の利用制限は一時的な利用であっても抵触することや貸付けには無償貸付けを含む点に注意してください（措通35－16・35－9の3）。また、この利用制限は、㋐一定の期間に関する利用制限（相続時から譲渡時までの間）であること、㋑上記の二つの譲渡態様に応じた利用制限であることのほか、㋒被相続人居住用家屋とその敷地の全部（全体）に係る利用制限になっているため、その敷地の一部譲渡であっても、この利用制限要件が関係してくる点に注意が必要です。

そして、この㋒については、租税特別措置法関係通達35－17《被相続人居住用家屋の敷地等の一部譲渡》の(3)において、被相続人居住用家屋の全部を取り壊した後におけるその敷地の一部譲渡に関して、次表の取扱いが定められています（注)。このような取扱いになるのは、上述したように、この利用制限要件が被相続人居住用家屋とその敷地全部をカバーする利用制限になっているからです。

(注)　現に存する被相続人居住用家屋の敷地の一部譲渡については、同通達35－17(2)の定めによります。

○家屋の全部取壊し後における敷地の一部譲渡と利用制限

ケース	利用制限との関係
①　単独で相続した相続人による敷地の一部譲渡	譲渡していない一部の敷地部分も利用制限に抵触していないこと
②　２人以上の相続人により共有で相続した後に分筆してその一部を譲渡	

なお、上表①に関連して注意が必要な点は、被相続人居住用家屋の敷地のうち、その相続人（甲）以外の者（乙）が相続により取得した部分がある場合（例えば、乙が庭先の一部であった部分を分筆して取得したケースなど）、乙が取得した部分の利用状況は、甲の譲渡に関する利用制限には関係がありません（措通35－17(３)イ（注）参照)。

ウ　ここで、相続を契機としてその適用場面が生じてくる小規模宅地等の課税特例との関係に触れておきます。

例えば、被相続人が居住し、かつ、事業を営んでいた店舗兼住宅について、相続開始後、相続税の申告期限まで相続人が引き続き店舗部分で事業を継続して特定事業用宅地等（措法69の４③一イ）の特例を適用したとします。その後、建物を取り壊して相続空き家譲渡の特例を適用しようとしても、この利用制限に抵触し、同特例を適用することができません（注１)。換言すると、特定事業用宅地等に関する「利用継続要件」と相続空き家譲渡の特例に関する「利用制限要件」が両立しない関係にある点を確認しておくことが必要です（注２)。

（注１）　別棟の自宅とアパートなどであった場合、アパート及び同敷地は被相続人居住用家屋とその敷地には該当しません。このため、相続開始後も引き続きアパートとして貸付けを行っていたとしても、この利用制限には抵触しません。

（注２）　小規模宅地等の課税特例において利用継続要件の適用が関係して

こないのは、居住用宅地等の取得者が被相続人の配偶者である場合といわゆる家なき子のケースがあります（配偶者に関しては、所有継続要件も求められていません。）。

3　譲渡態様

（1）　譲渡の時期

相続空き家譲渡の特例の適用を受けるためには、その譲渡が相続開始の日から３年を経過する日が属する年の12月31日までに行われることが必要です（無論、本特例の適用期限である令和９年12月31日までの譲渡であることが必要です。）。なお、相続税の申告期限の起算日に関する規定などのように、「その相続の開始があったことを知った日」（相法27①）と規定されていない点、あるいは、その譲渡への相続税の取得費加算の特例（措法39）の適用可能期間に関する譲渡の初日及び末日が異なっている点に注意が必要です（注１・２）。

（注１）　次表のとおり異なっています。なお、適用可能期間のほかにも、特例適用が可能な者の範囲、適用可能な対象財産及び適用期限の有無（時限立法か否か）の点が両者で異なっています。

区分	相続空き家譲渡の特例	相続税の取得費加算の特例
初日	相続開始の日	相続開始日の翌日
末日	相続開始日以後３年を経過する日が属する年の12月31日	相続税の申告期限の翌日から３年を経過する日

（注２）　後述するように本特例を適用する譲渡所得については、相続税の取得費加算の特例（措法39）を適用できません。

（2）　譲渡の時期と家屋のリフォーム又は取壊しの時期【主な参照事例：４－10～４－14、10－４】

ア　前提整理

相続空き家譲渡の特例の適用対象となる譲渡には、相続後、㋐譲渡の時まで、あるいは、㋑譲渡後、譲渡の日の属する年の翌年２月15日までに（㋑の期間を「特定期間」といいます。)、所定のリフォーム又は家屋の取壊しを行うことが必要です（㋑は、令和６年１月１日以降の譲渡に適用されます。)。

そして、上記㋐に関するリフォームの完了時期、あるいは、その家屋の全部取壊しの完了時期に関する要件が、租税特別措置法35条３項１号及び２号に規定されています。また、上記㋑に関するリフォームなどの完了時期が、同項柱書のかっこ書を受けて３号に規定されています。

○耐震工事適合のリフォーム等の完了時期（措法35③）

号	規定内容
１号ロ	譲渡の時において耐震基準に適合。
２号柱書	全部取壊し等をした後における譲渡。
３号	２つの態様を規定している（令和６年１月１日以降の譲渡に適用)。ただし、完了時期は、３項柱書のかっこ書に「……３号に掲げる譲渡をした場合にあつては、当該譲渡の時から当該譲渡の日の属する年の翌年２月15日までの間に……」適合などと規定。

イ　家屋又は家屋及び敷地を譲渡する場合

相続開始後、その家屋が譲渡時までに耐震基準適合のリフォームを行って譲渡時に耐震基準適合家屋になっている（工事が完了している）ことが必要です（措法35③一)。この場合、相続開始後に行った増改築などの部分も含めて本特例を適用できますが、家屋の全部取壊し又は除却、滅失後に行う建替えが本特例の適用対象から除かれています（措法35③一かっこ書)。

なお、居住用部分の判定は、リフォーム前の相続開始の直前（老人ホームに入所等のケースについては、入所直前）の状況（利用割合）

によります（措令23④⑤、措通35－15）。また、前記２（４）に触れた利用制限のある点に注意が必要です。

この譲渡態様において、家屋とともに行う敷地の一部譲渡に本特例の適用が可能ですが、家屋の譲渡を伴わない敷地の一部譲渡には、本特例の適用ができません（措通35－17(２)）。

ウ　敷地のみの譲渡

相続開始後、譲渡時までに、相続により取得した被相続人居住用家屋の全部の取壊し等を行って、更地にして譲渡することが必要です（措法35③二）。なお、このようなケースについても、前記２（４）に触れた利用制限が付されている点に注意してください（措法35③二イ～ハ）。

エ　譲渡後におけるリフォーム・取壊し（令和６年１月１日以降の譲渡）

令和５年分までの譲渡について本特例を適用するためには、その譲渡の時までに上記イのリフォーム又は上記ウの家屋の全部取壊し等（更地化）を行うことが必要でした。

この点、令和５年度税制改正によって、令和６年１月１日以後の譲渡については（注）、その譲渡の時からその譲渡の日の属する年の翌年２月15日までの間に、買主によって耐震基準適合のリフォーム、あるいは家屋の全部取壊し等が行われ、上記イ又はウの要件を充足するケースに本特例を適用することができるようになりました（措法35③柱書・三）。

（注）　令和５年法律３号改正附則32条３項の規定によります。

この場合、相続時から譲渡時までの被相続人居住用家屋・同敷地の利用制限は、上記イ又はウに同じですが、譲渡した後には、このような利用制限は付されていません。原則として、買主に譲渡した後の利用に関する事柄であり、また、本特例の適用を受けるためには、譲渡した日の属する年の翌年２月15日までに所定の対応を行わなければならないので、特に利用制限を付す必要はないと捉えられたと思われます。

この令和５年度税制改正による見直し（適用対象となる譲渡の範囲の拡張）は、被相続人居住用家屋を相続した相続人が、高齢者である場合（いわゆる「老老相続」）やその被相続人居住用家屋の所在地から遠隔地に居住している場合等に、その譲渡の時までに所定のリフォーム等を行うことが負担となるため、その負担を解消し（軽減し）、相続により取得した利用目的のない被相続人居住用家屋の譲渡を促すための措置として位置付けられています（財務省HP「令和５年度税制改正の解説」168頁）。

もっとも、このような改正は、上述したように買主によって家屋のリフォームや取壊し等が行われた場合にも本特例を適用できるという内容の措置になっています。したがって、買主側で家屋の取壊し等を行うことがある不動産取引の実態にも、その完遂期限（翌年２月15日まで）を設けることで、本特例の適用と不動産取引の実態に一定程度整合する改正にもなっているといえます（注）。

（注）　買主が所定の期限までに耐震基準に適合するリフォーム、あるいは家屋の取壊しを行うことに関する特約条項の文例が国土交通省によって示されています（国土交通省HP「「空き家の発生を抑制するための特例措置（空き家の譲渡所得の特別控除）」における特約等の例」（https://www.mlit.go.jp/jutakukentiku/house/content/001633561.pdf）参照）。

（３）　譲渡先に関する適用制限【主な参照事例：８－１～８－３】

ア　被相続人居住用家屋や同敷地の譲渡先が、その家屋等を相続により取得した譲渡者（相続人）の配偶者や一定の特別関係者に該当する場合、本特例を適用できません（措法35②一かっこ書）。

なお、この制限規定は、租税特別措置法35条３項に規定されておらず、本人居住用財産譲渡の特例に関する同条２項に規定されています。すなわち、同項１号柱書に「……の譲渡（当該個人の配偶者その他の当該個人と政令で定める特別の関係がある者に対してするもの及び……を除く。以下この項及び次項において同じ。）又は……」（下線は筆者が付記）と規定されている制限です。

イ 適用制限を受ける具体的な譲渡先は、次表のとおりです（措令23②・20の3①）。

○租税特別措置法施行令20条の3第1項の規定

号	譲渡者（相続人）との関係
1	配偶者・直系血族
2	生計一親族、家屋の譲渡後に相続人（譲渡者）とその被相続人居住用家屋に居住する親族
3	事実上婚姻関係と同様の事情にある者、その者の生計一親族
4	1～3号に該当する者及び相続人（譲渡者）の使用人以外の者で譲渡者から受ける金銭等によって生計を維持している者、その者と生計一の者
5	一定の同族会社等（譲渡者など一定の者を判定の基礎となる株主等とした場合に、その会社等の自己株式等を除く発行済株式数の50%超を有している会社など（法人税法施行令4条2項に規定する特殊関係のあることになる会社等））

なお、5号における一定の同族会社等の判定は、次によります。

（ア） 判定の基礎となる者（株主）

その譲渡者、その配偶者、直系血族（1号該当者）及び生計一親族等（2号該当者）、譲渡者の使用人若しくはその使用人の親族でその使用人と生計を一にしているもの又は当該個人に係る上表の3号及び4号に掲げる者

（イ） 特例適用の除外対象になる会社等

上記(ア)の者を判定の基礎となる所得税法2条1項8号の2に規定

する株主等とした場合に、法人税法施行令4条2項に規定する特殊の関係その他これに準ずる関係のあることとなる会社その他の法人。

4　対価要件（1億円以下）【主な参照事例：事例5－1～5－15】

（1）　概　略

相続空き家譲渡の特例は、その譲渡対価の額が「1億円以下」であることが適用要件の一つになっています。この要件の判定（譲渡対価の額の算定）は、その譲渡資産の全てが被相続人の居住の用に供されていた家屋とその敷地であり、かつ、相続により取得した相続人が1人であって、その全部を1回で譲渡したような事例に関しては簡明です。

しかしながら、実際的には、共有持分による譲渡や店舗兼住宅（部分適用Ⅰの適用場面）の譲渡、2以上の建物がある場合（部分適用Ⅱの適用場面）の譲渡、あるいは、敷地を分割した譲渡など様々なケースが生じてきます。このため、本特例の対価要件は相当複雑に（難解に）なっており、租税特別措置法関係通達においても、35－19から35－25まで数多くの定めがあります。特に同通達35－20《その譲渡の対価の額が1億円を超えるかどうかの判定》や35－22《「対象譲渡資産一体家屋等」の判定》の定めに注意が必要です。

そして、①この対価要件を充足しない場合は本特例を適用できず、加えて、②事後における譲渡によって対価要件を充足しないことになった場合、「義務的修正申告」（措法35⑨）が必要になります。

（2）　基本的事項

租税特別措置法35条3項は、相続空き家譲渡の特例の適用可能な譲渡である「対象譲渡」から、その譲渡対価が1億円を超えるものを除いており（同項柱書かっこ書）、その具体的な判定要件（判定方法）を同条6項及び7項が規定しています。この対価要件の判定に関して基本になるのは、次の「①判定対象者」、「②対象譲渡資産一体家屋等」及び「③判定期間」の３点です（注）。

（注） この対価要件に関連して、租税特別措置法35条８項は、居住用家屋取得相続人（この用語の意義は、次の①㋐参照）に対して他の居住用家屋取得相続人に対象譲渡をした旨、対象譲渡した日などを通知すべき義務を規定しています。

① 判定対象者（その譲渡の対価の額を合計すべき対象者）

㋐ 租税特別措置法35条６項は、被相続人居住用家屋又は同敷地を取得した相続人（「居住用家屋取得相続人」といいます。）の譲渡について判定すること、すなわち、「被相続人居住用家屋又は同敷地」を取得した居住用家屋取得相続人の譲渡に係る対価の額について判定することを規定しています。

なお、居住用家屋取得相続人については、本特例の適用可能な譲渡者（相続人）の家屋と敷地の取得とは異なり、「及び」とされずに「又は」と規定されている点に注意が必要です。

㋑ 第１に、居住用家屋取得相続人に関して注意すべき点は、同相続人が「個人」ではなく、「相続人」と規定されている点です。すなわち、その被相続人居住用家屋又は同敷地を相続等により取得した相続人が２人以上いる場合は、相続人である「個人」各々の共有持分に係る譲渡対価の額だけではなく、その居住用家屋取得相続人全員に係る次の②に触れる「対象譲渡資産一体家屋等」の譲渡対価に関して、後述③に触れる判定期間における譲渡対価の額の合計額に基づいて「１億円以下」に該当するか否かの判定を行うことになります（居住用家屋取得相続人が１人だけであった場合も、この点に変わりはなく、同様の判定を行います。）。

ただし、対価要件の判定そのものは、本特例の適用を受けようとするそれぞれの居住用家屋取得相続人の対象譲渡ごとに行います（措通35−23）。

㋒　第2に注意すべき点として、共有のケースに関する取扱いがあります。租税特別措置法関係通達35−20《その譲渡の対価の額が1億円を超えるかどうかの判定》の(1)が、譲渡資産が共有であった場合、被相続人から相続により取得した持分の譲渡対価の額によって判定するとしています。対価要件は、被相続人居住用家屋又は同敷地に係る譲渡対価の額により判定するので、例えば、相続開始前から、その家屋と敷地が被相続人と相続人との共有であった場合、被相続人から取得した共有持分に相当する譲渡対価の額によって判定することになるからです。

しかしながら、この共有者は居住用家屋取得相続人以外の者である点が前提になっています。すなわち、同通達(1)の注書は、その被相続人居住用家屋又は同敷地が、被相続人と居住用家屋取得相続人による共有であった場合は、次の②で触れる対象譲渡資産一体家屋等として、その相続人の持分の対価の額を合計して判定する点に留意するよう定めています。

②　対象譲渡資産一体家屋等

㋐　租税特別措置法35条6項は、相続開始直前において、一体として被相続人の居住の用に供されていた家屋又は同敷地（注）を「対象譲渡資産一体家屋等」と規定し、対価要件の判定においては、譲渡した資産と対象譲渡資産一体家屋等の譲渡対価の額を合計して判定することを求めています。この点は、次の㋑及び㋒に触れる店舗兼住宅など、被相続人が居住の用に供していた部分に関するⓐ対象譲渡としての判定（価額算定）とⓑ対価要件に関する対象譲渡資産一体家屋等の判定（価額算定）とが異なっている点に注意が必要です。

（注）　相続開始直前に老人ホームに入所していた場合、上記の一体か否かの点は、その入所直前において判定します。なお、本特例では、被相続人が老人ホーム入所後相続開始直前まで引き続きその家屋が被相続人

の物品の保管その他の用に供されていたことを求められています（措令23⑫により同23⑨一を準用）。

㋑ まず第1に、対象譲渡の価額判定（算定）について触れます。

店舗兼住宅などの店舗部分などは、被相続人が居住していた家屋と一体であったとしても、店舗部分などの価額対応額は、被相続人の居住の用に供されていなかった部分に該当するので、その部分に対応する譲渡価額は本特例を適用できる「対象譲渡」の価額には含まれません（部分適用Ⅰ）。

この場合、居住用部分に対応する譲渡価額は、家屋と土地に区分して、次の算式により計算します（措通35−20(2)）。

ⓐ 家屋の居住の用に供されていた部分の譲渡価額

$$\text{その家屋の譲渡価額} \times \frac{\text{35−15により31の3−7に準じて計算した被相続人の居住用部分の床面積}}{\text{相続開始直前におけるその家屋の床面積}}$$

（注） 上記算式中、「35−15」は、租税特別措置法関係通達35−15《被相続人居住用家屋が店舗兼住宅等であった場合の居住用部分の判定》を、「31の3−7」は同通達31の3−7《店舗兼住宅等の居住部分の判定》を表記しています（次のⓑの算式についても同じ。）。

ⓑ 土地の居住の用に供されていた部分の譲渡価額

$$\text{その土地の譲渡価額} \times \frac{\text{35−15により31の3−7に準じて計算した被相続人の居住用部分の面積}}{\text{相続開始直前におけるその土地の面積}}$$

㋒ そして、第2に注意すべきは、上記㋑の対象譲渡に係る部分適用Ⅰの価額判定（価額算定）と対価要件1億円以下の判定とは別に捉えることが必要な点です。すなわち、「対象譲渡資産一体家屋等」には、相続開始直前に被相続人居住の用に供されていた店舗兼住宅などの店舗部分等（非居住用部分）及び同対応敷地も該当してきます。その結果、その対応価額も対価要件の判定（価額算定）に含めることになります（措通35−22(5)）。

㊁　この対価要件の判定に関連して、前記2(3)②の部分適用Ⅱにおいて触れた「用途上不可分の関係にある2以上の建築物」（母屋や離れなど）のある一団の土地における被相続人居住用家屋の敷地等に関する譲渡対価の額の取扱いに注意が必要です。

具体的には、対象譲渡に該当する母屋の譲渡対価の額は、その判定に算入することになりますが、その敷地に係る譲渡対価の額の算入は、前記2(3)②に記述した算式により計算した面積に対応する部分の価額になります（措通35−20(2)（注））。

すなわち、対価要件の判定において対象譲渡資産一体家屋等と部分適用Ⅱとは異なる判定によることになります。

③　判定期間（その譲渡対価の額を合計すべき譲渡の時期）

㋐　対価要件は、上述した対象譲渡や対象譲渡資産一体家屋等のほかに、その相続の時から一定期間の間における譲渡対価の額の合計額について判定する必要があり、この判定期間中における対象譲渡資産一体家屋等の譲渡を「適用前譲渡」又は「適用後譲渡」といいます（次図参照）。

○対価要件1億円以下の判定（概観図）

（注）◎印が対象譲渡を表記しています。

ⓐ　適用前譲渡（■）

12/31

	前々々年	前々年	前　年	当　年
第6項	★相続開始 ←── 本特例の適用が可能な譲渡の時期 ──→			
	■	■	■	■ ◎ ■

ⓑ　適用後譲渡（◆）

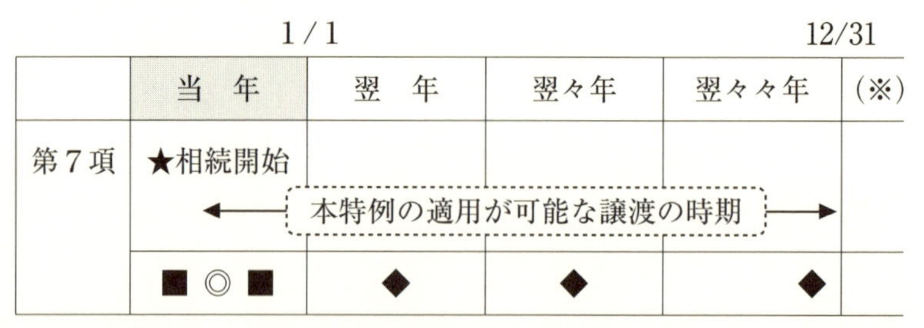

（※）　事例5－7の「判断」に記載されている図表のように、本特例の適用が可能な期間の末日を過ぎても適用後譲渡に該当するケースが生じてくる点に注意してください。

㋑　第6項に規定されている「適用前譲渡」は、居住用家屋取得相続人が、その相続の時から対象譲渡を行った日の属する年の12月31日までの間に行われた対象譲渡一体家屋等の譲渡を指しており、その譲渡の対価の額の合計額によって対価要件の充足の有無を判定します。

㋒　第7項に規定されている「適用後譲渡」は、対象譲渡を行った日の属する年の翌年1月1日からその対象譲渡をした日以後3年を経過する日の属する年の12月31日までの間に行われた対象譲渡一体家屋等の譲渡を指しており、その対価の額の合計額により対価要件の充足の有無を判定します。なお、その際、適用前譲渡があった場合は、その対価の額と適用後譲渡の対価の額との合計額によります。

（3）　留意点

上記のほかに、対価要件に関する具体的な判定には、次の取扱いがあります。

ア　判定対象から除かれる譲渡対価

対価要件の判定に当たっては、㋐「収用交換等による譲渡」が除かれています。具体的には、租税特別措置法施行令23条14項により、同令24条の2第8項各号（特定の居住用財産の買換えの場合の長期譲渡所得の課税の特例）に規定されている次表の譲渡が除外対象になっています。一方、㋑借地権の設定など譲渡所得の基因となる不動産の貸付けが含まれます（措法35⑥かっこ書）。

○対価要件の判定から除かれる譲渡（措令24の２⑧）

号	除外対象となる譲渡
1	収用交換等による譲渡（措法33の４①）
2	特定土地区画整理事業等のために土地等を譲渡した場合の譲渡所得の2,000万円特別控除（措法34①）及び特定住宅地造成事業等のために土地等を譲渡した場合の譲渡所得の1,500万円特別控除（措法34の２①）の適用を受ける譲渡

イ　低額譲渡等に係る対価判定

被相続人居住用家屋又は同敷地を「贈与」又は「著しく低い価額」によって譲渡した場合、その譲渡時の価額に相当する金額を譲渡対価の額として判定します（措令23⑮）。

なお、「著しく低い価額」に該当するか否かは、その譲渡の時の価額（時価）の１/２未満の金額であるかどうかによって判定します（措規18の２④）。

5　特別控除額の引下げ【主な参照事例：６－１～６－５、９－４】

特別控除額（上限額）は、その譲渡者（相続人）１人について3,000万円です（措法35①）。ただし、令和６年１月１日以後に行う譲渡については（令５法３改正附則32③）、相続により被相続人居住用家屋及び同敷地を取得した相続人の数が３人以上である場合（注）、控除可能な特別控除額は2,000万円以下に引き下げられています（措法35④）。

（注）　取得した相続人の数であって、対象譲渡を行った人数に関する要件になっていない点に注意してください。

この引下げ措置は、「租税特別措置の整理合理化の観点」と説明されています（財務省HP「令和５年度税制改正の解説」169頁）。

なお、その相続人がその年において、その相続人本人（自己）の居住の用に供している家屋又は同敷地の譲渡をしたことなどにより居住用財産の譲渡所得の3,000万円特別控除（措法35①②）を適用する場合に関する本特例との適用関係は、後掲の事例を参照してください。

６　他の特例との適用関係【主な参照事例：９－１～９－９】

（１）　租税特別措置法39条との併用不可

相続空き家譲渡の特例を適用する場合、租税特別措置法39条（相続財産に係る譲渡所得の課税の特例）を適用することができません。このため、①相続空き家譲渡の特例か②相続税の取得費加算の特例のいずれかを選択適用することになります。この点は、上述した対価要件とともに、租税特別措置法35条３項かっこ書に、相続税の取得費加算の特例を適用する場合を除くと規定され、本特例と併用できないことになっています。もともと相続税の取得費加算の特例は、相続財産を譲渡した場合における相続税の税負担の軽減を図ることを考慮して設けられている特例であることから、本特例との併用を認め、重ねて相続に起因する譲渡所得に係る税負担軽減を図る必要性に乏しいと考えられた結果であると思われます。

ただし、前述したように、本特例は、被相続人の居住用部分及び一の建築物とその敷地への適用に限定されています（前述した「部分適用Ⅰ・Ⅱ」による適用制限）。したがって、その譲渡について本特例の適用対象とならない部分、例えば、母屋（及びその対応敷地）に本特例を適用できても、離れとその敷地対応部分については本特例を適用できないので、相続税の取得費加算の特例を適用することができます。

この際、所定の按分計算によって計算した相続税評価額を基礎として加算額の計算を行います（措通39－６（５））。

（2）　その他の特例との併用制限

相続税の取得費加算の特例のほかにも、次のア及びイによって、相続空き家譲渡の特例とそれぞれの特例との併用制限がある点に注意してください（その譲渡に関して、相続空き家譲渡の特例とこれらの特例を併用することはできません。）。

ア　租税特別措置法35条２項１号による制限

同号かっこ書中に「…（…所得税法第58条の規定又は第33条から第33条の４まで、第37条、第37条の４若しくは第37条の８の規定の適用を受けるものを除く。以下この項及び次項において同じ。）……」（傍点は筆者が付記）と規定されており、３項（本特例）についても２項１号かっこ書の制限規定の適用を受けています。

○本特例との併用制限（措法35②かっこ書）

条　文	見出し
所得税法58条	固定資産の交換の場合の譲渡所得の特例
租税特別措置法33条	収用等に伴い代替資産を取得した場合の課税の特例
同法33条の２	交換処分等に伴い資産を取得した場合の課税の特例
同法33条の３	換地処分等に伴い資産を取得した場合の課税の特例
同法33条の４	収用交換等の場合の譲渡所得等の特別控除
同法37条	特定の事業用資産の買換えの場合の譲渡所得の課税の特例
同法37条の４	特定の事業用資産を交換した場合の譲渡所得の課税の特例
同法37条の８	特定普通財産とその隣接する土地等の交換の場合の譲渡所得の課税の特例

イ 上記アとは別に、それぞれの該当条文に制限規定があります。

条 文	見出し
租税特別措置法31条の２第４項	優良住宅地の造成等のために土地等を譲渡した場合の長期譲渡所得の課税の特例
同法35条の２第２項	特定期間に取得をした土地等を譲渡した場合の長期譲渡所得の特別控除
同法37条の５第１項	既成市街地等内にある土地等の中高層耐火建築物等の建設のための買換え及び交換の場合の譲渡所得の課税の特例

7 連年適用等に関する制限【主な参照事例：10－２・10－３】

「被相続人居住用家屋」などの譲渡について相続空き家譲渡の特例を適用した者は、翌年分以降、その家屋などの譲渡について本特例を適用できません。この点を、租税特別措置法35条３項柱書は「……（当該相続人が既に当該相続又は遺贈に係る当該被相続人居住用家屋又は当該被相続人居住用家屋の敷地等の対象譲渡についてこの項の規定の適用を受けている場合を除き、……）」と規定して、本特例の適用を１回に限る（１年分だけに限る）（注）制限を付しています。

(注) 例えば、財務省HP「平成28年度税制改正の解説」156頁は、「……１回の相続につき１人の相続人ごとに１回しか本特例の適用を受けることはできないとされています。」と説明しています。すると、一の年において２以上の土地に分筆して、その年中に譲渡した場合の適用関係に疑問が生じてきます。

この点、租税特別措置法35条１項は「……居住用財産を譲渡した場合に該当することとなった場合には、その年中にその該当することになった全部の資産の譲渡に対する第31条又は第32条の規定の適用については、次に定めるところによる。」（下線は、筆者が付記）と、3,000万円特別控除を年分適用によるとしているので、この適用制限は「１年分だけに限る」という制限になっています（国税庁HP質疑応答事例（譲渡所得）「被相続人居住用家屋の敷地を分筆後、同年中に全てを譲渡した場合」は、同一年中の譲渡であり、譲渡の先後関係を問わず本特例の適用が可能であることを明らかにしています。)。

一方、この適用制限は、一の被相続人に係る被相続人居住用家屋と同敷地に関する制限、すなわち、その相続人が「当該被相続人居住用家屋又は当該被相続人居住用家屋の敷地等の対象譲渡」(傍点は筆者が付記) に本特例を適用している場合に関する適用制限であることから、別の被相続人から相続等により取得した空き家 (別物件) に本特例を適用することは可能です。この点、実例が生じることは少ないと思われますが、例えば、被相続人甲から相続により取得した被相続人居住用家屋等を令和6年に譲渡して本特例をした後、さらに、被相続人乙から包括遺贈により取得した被相続人居住用家屋等を令和7年に譲渡した場合、令和7年分の譲渡に本特例を適用することができます。

8　申告手続 (添付書類)

(1)　概略【主な参照事例：10－1・10－3・10－4】

相続空き家譲渡の特例の適用を受けるためには、被相続人居住用家屋又は同敷地を譲渡した年分の所得税の確定申告書に特例適用条文など必要事項を記載し、また、譲渡所得の計算明細書とともに所定の書類を添付することが必要です (措法35⑫) (注)。

なお、期限内申告要件は付されていません。

(注)　これらの点に関して、いわゆる宥恕規定が租税特別措置法35条13項に規定されています。

(2)　添付書類【主な参照事例：1－8、4－2・4－14】

本特例の適用要件のうち、①被相続人居住用家屋に係る耐震基準適合のリフォーム工事の完了時期、又は②被相続人居住用家屋の全部取壊しの完了時期は、その譲渡の時まで (下記の㋐又は㋑)、あるいは、その譲渡の日の属する年の翌年2月15日まで (下記の㋒) に完了していることが求められています。このため、申告時における添付書類についても、それぞれの譲渡のパターンに応じて、租税特別措置法施行規則18条の2第2項2号において、次のとおり規定されています。

㋐　譲渡の時までに家屋の耐震リフォーム完了（措法35③一）……租税特別措置法施行規則18条の2第2項2号イ

㋑　譲渡の時まで家屋を全部取壊し（措法35③二）……同法施行規則18条の2第2項2号ロ

㋒　譲渡の時から、その譲渡の日の属する年の翌年2月15日までに（特定期間中に）家屋のリフォーム工事完了又は家屋全部の取壊し完了（措法35③三）……同法施行規則18条の2第2項2号ハ

ア　上記㋐又は㋑の場合における必要添付書類

次表及び（補足説明）のとおりです。

○相続空き家譲渡の特例添付書類

	添付書類	㋐	㋑
①	譲渡所得の内訳書（確定申告書付表兼計算明細書）【土地・建物用】	○	○
②	登記事項証明書など	○	○
③	譲渡物件所在地の市区町村長による確認書	○	○
④	耐震基準適合証明書又は建設住宅性能評価書	○	－
⑤	売買契約書	○	○

(注)　○：添付することが必要

（補足説明）

①欄

一般的な「譲渡所得の内訳書（確定申告書付表兼計算明細書）【土地・建物用】」に加え、（5面）「被相続人の居住用財産に係る譲渡所得の特別控除の特例の適用を受ける場合の記載事項」の作成が必要です（措規18の2①二、様式は国税庁HPに掲載（https://www.nta.go.jp/taxes/shiraberu/shinkoku/syotoku/pdf/r05_joto_02.pdf））。

②欄

被相続人からその家屋や敷地を相続により取得したことやその家屋

の建築時期に関する要件を充足していることなど確認する書類になります。

なお、国税庁HP「譲渡所得の特例の適用を受ける場合の不動産に係る不動産番号等の明細書」（https://www.nta.go.jp/taxes/shiraberu/shinkoku/syotoku/pdf/r05_joto_17.pdf 参照）に不動産番号などを記載して税務署に提出することが可能です。

③欄

市区町村長が、次の事項を確認した旨の書類です。

ⓐ　相続開始直前において、被相続人がその家屋に一人住まいであり、かつ、被相続人以外に居住をしていた者がいなかったこと（老人ホームに入所していた場合は、入所直前について確認します。）。

ⓑ　その家屋又は同敷地等が、相続開始時から譲渡時まで事業の用、貸付けの用又は居住の用に供されていたことがないこと。

ⓒ　その他ケースに応じた所定の必要事項を確認した旨の書類になります（国土交通省HP「被相続人居住用家屋等確認申請書」（001396933.doc（live.com））参照）。

④欄

所定の耐震基準に適合したリフォームであることを確認する書類になります。なお、耐震基準適合証明書等は、その譲渡の日前２年以内に一級建築士等による証明のための検査が行われたものであることが必要です（平21・6・26国交告685一イ（1）参照）。

⑤欄

１億円の対価要件の充足に関する確認書類になります（その譲渡対価の額が対価要件を充足していることを明らかにする書類になります。）。

イ　上記㋒の場合における必要添付書類

特定期間（注）に家屋の耐震基準適合のリフォーム又は家屋の全部取壊し等を行った場合の必要書類は、基本的には上表と同じですが、次の点に違いがあります（措規18の２②二ハ）。

（注）　譲渡時から翌年２月15日までの間を指しています（措規18の２②二ハ（3）（ii））。

②欄

家屋の全部取壊し等を行った場合は、特定期間中にその取壊し等が行われたこと証する書類（滅失登記など）が必要です。

③欄

市区町村長による確認書は、特定期間中に所定のリフォーム又は家屋の全部取壊し等が行われたことを確認します。

この確認に関して、買主が、翌年２月15日までに本特例の適用に必要な書類を売主も提供することや本特例措置の適用を受けることができなかった場合の定めを特約等で定めていることが分かる書類の提出を求められます。ただし、市区町村長は、該当書類の提出が受けられなくても確認書の交付が妨げられるものではないとされています（注）。

（注） 国土交通省住宅局 住宅経済・法制課長 住宅総合整備課長「相続又は遺贈により取得した被相続人居住用家屋及びその敷地等の譲渡に係る所得税及び個人住民税の特例措置の適用に当たっての要件の確認について」（平28・４・１国住政101・国住備506）による各都道府県・政令市 空家等施策担当部長宛て通知文書の記「六 所在市区町村が行う確認」、「１ 所在市区町村が確認する内容」参照。

④欄

耐震基準適合証明書は工事完了の日からその譲渡の申告に係る確定申告書の提出の日までの間に行われた検査であることが必要です（平21・６・26国交告685一イ（２）参照）。

【参考】租税特別措置法35条の規定構成（概観表）

１ 関係法令等
- 租税特別措置法35条
- 租税特別措置法施行令23条
- 租税特別措置法施行規則18条の２
- 租税特別措置法関係通達35－７～35－27（注）

（注） 被相続人の居住用財産の譲渡（第３項関係）の通達番号です。

2　各項別（措法35）の規定構成（関係政令及び規則）

項等	規定内容等（概略）	措令	措規
① 1号 2号	基本条項（3,000万円を控除） 　長期譲渡所得金額（措法31）の読替え 　短期譲渡所得金額（措法32）の読替え		
②	本人居住用財産の譲渡に関する特例規定 ＊１号に３項にも適用される規定あり	23① ②	
③	相続空き家譲渡特例の基本条項		
柱書	・第１項の居住用財産とみなして同項を適用		
	・取得原因（相続・包括遺贈・死因贈与）		
	・適用対象者（相続人・包括受遺者（個人））		
	・特例適用期間（H28.4.1～R9.12.31）		
	・譲渡の時期（相続開始日から３年を経過する日の属する年の12/31まで）		
	・相続税の取得費加算の特例（措法39）の適用不可		
	・対価要件（１億円以下）		
	・本特例の適用制限（１回だけ）		
	・リフォーム、家屋の全部取壊しの時期（３号　譲渡の翌年２月15日まで）		
1号	＜リフォーム済家屋又は同家屋と敷地を譲渡＞		
	・増改築部分の扱い（含む）		18の２
	・部分適用	④⑤	②二
イ	・相続時から譲渡時までの利用制限		イ
ロ	・耐震基準適合（譲渡時）	③⑯	
2号	＜家屋を全部取壊し等（譲渡時）して敷地のみを譲渡＞		②二 ロ
	・部分適用	⑤	
イ	・相続時から家屋の取壊し等の時までの家屋の利用制限		
ロ	・相続時から家屋の取壊し等の時までの敷地の利用制限		
ハ	・家屋の取壊し等後譲渡時までの敷地の利用制限		
3号	＜家屋又は家屋と敷地の譲渡＞		②二
	・相続時から譲渡時までの利用制限 （柱書：リフォーム等の時期に関する規定あり）		ハ

④	・相続による取得者が３人以上いる場合の特別控除額の制限（2,000万円）	⑥⑦	
⑤ 柱書 １号 ２号 ３号	・被相続人居住用家屋、同敷地の意義 ・老人ホーム入所のケース（特定事由）に関する取扱い（特定事由、対象従前居住の用） ・Ｓ56.5.31以前の建築 ・区分所有建物を除く ・被相続人による一人住まい ・部分適用（一の建築物）	⑧⑨ ⑩⑪	③
⑥	対価要件関係規定 ・対象譲渡資産一体家屋等 ・適用前譲渡	⑫～ ⑮	④
⑦	対価要件関係規定 ・適用後譲渡		
⑧	・他の被相続人居住用家屋を取得した相続人に対する譲渡事実の通知義務		
⑨	・対価要件を充足しないことになった場合の義務的修正申告		
⑩	・義務的修正申告書の提出がない場合における税務署長の更正		
⑪	・義務的修正申告に係る租税特別措置法33条の５第３項の準用読替え規定		
⑫	特例適用手続 ・所定の記載事項 ・添付書類（市区町村長による確認）		①二 ②二
⑬	いわゆる「宥恕規定」（無申告等への対応）		
⑭	その他政令への委任規定	⑯	

（注）　第12項及び第13項は、本人居住用財産の譲渡特例（措法35②）に関する事項も規定されている。

（塩野入　文雄）

第 2 部

事例別適用判断

1　特例対象者（本特例の適用が可能な者）

1－1　家屋とその敷地を別々の者が相続した場合

事　例	判　断
母が亡くなり、母が一人で住んでいた家屋とその敷地について、相続人である私と妹で遺産分割協議を行いました。その結果、私はその土地（敷地）を、妹はその家屋を取得しました。 この家や敷地を第三者に次の〔ケース1〕又は〔ケース2〕により譲渡する場合、私と妹は相続空き家譲渡の特例を適用することができるでしょうか。 〔ケース1〕 家屋の耐震基準を満たすリフォームを行い、私と妹がこれらの土地と家屋を第三者に売却した場合 〔ケース2〕 家屋を取り壊して、私が土地を第三者に売却した場合	〔ケース1〕 〔ケース2〕 とも ✕

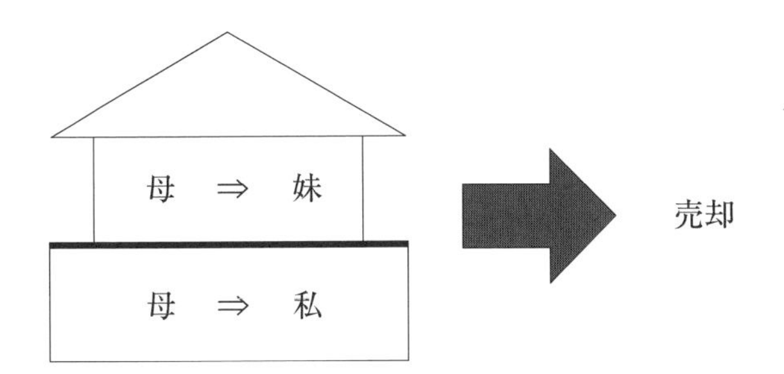

POINT

1　本特例を適用できる者の要件

相続空き家譲渡の特例については、旧耐震基準の下で建築された家屋が相続により空き家となり、周辺の生活環境に悪影響を及ぼすことを防止するために設けられたものです（財務省HP「平成28年度税制改正の解説」151頁）。そのような制度導入の趣旨から、空き家となった家屋を取得していない相続人は、本特例の適用対象者にすることが相当ではないと考えられます。租税特別措置法35条３項においても、本特例を受けることができる者について、「相続又は遺贈（贈与者の死亡により効力を生じる贈与を含む。……）による被相続人居住用家屋及び被相続人居住用家屋の敷地等の取得をした相続人（包括受遺者を含む。……）が、……」としており、また、租税特別措置法関係通達35－９においても、「措置法第35条第３項及び第４項に規定する『相続又は遺贈による被相続人居住用家屋及び被相続人居住用家屋の敷地等の取得をした相続人』とは、相続又は遺贈により、被相続人居住用家屋とその家屋の敷地等の両方を取得した相続人に限られるから、相続又は遺贈により被相続人居住用家屋のみ又は被相続人居住用家屋の敷地等のみを取得した相続人は含まれないことに留意する。」（傍点は筆者が付記）と明記されています。

したがって、被相続人居住用家屋と共にその敷地等を譲渡する場合だけでなく、被相続人の居住用家屋を取り壊してその敷地等を譲渡する場合においても、その譲渡する者が、被相続人の居住用家屋とその敷地等の両方を取得した者に該当しない限り、本特例を受けることはできないということになります。

２　判　断

本事例において、あなたは被相続人居住用家屋の敷地のみを取得し、家屋を妹が取得しています。したがって、〔ケース１〕及び〔ケース２〕ともに、被相続人居住用家屋とその敷地の両方を取得した相続人による譲渡に該当しませんので、本特例の適用を受けることはできません。

（小林　磨寿美）

1－2　敷地を所有する相続人が家屋を相続した場合

事　例	判　断
父が亡くなり、相続人である私は、父が一人で住んでいた父所有の家屋を相続しました。私は、母から相続により取得した家屋の敷地を従前から所有しており、父と私の間で地代の授受はありませんでした。 私はこの家屋と敷地を第三者に譲渡する予定ですが、相続空き家譲渡の特例の適用を受けることができるのでしょうか。	×

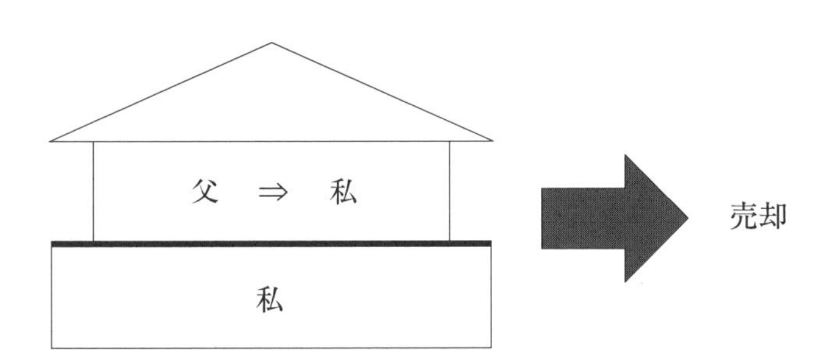

POINT

1　敷地を所有する相続人が家屋を相続した場合

事例1－1で述べたとおり、相続空き家譲渡の特例の適用を受けることができる者は、相続又は遺贈により、被相続人居住用家屋とその家屋の敷地等の両方を取得した相続人です（措通35－9）。したがって、既に敷地を所有している相続人が、被相続人居住用家屋を相続したとしても、本特例を受けることはできないということになります。

つまり、譲渡する者が相続を機に、空き家とその敷地を取得したことにならないため、特例を適用するにふさわしくないと考えられているということです。

2　判　断

本事例において、あなたは相続により被相続人の居住用家屋のみ取得しています。したがって、被相続人居住用家屋とその敷地の両方を取得した相続人による譲渡に該当しませんので、本特例の適用を受けることはできません。

ただし、ごくまれなケースとして、父が生前、あなたの土地を賃借していたのであれば、借地権が父にあったと考えられますので、あなたは相続により、借地権付家屋を取得したことになります。したがって、あなたは譲渡収入（譲渡価額）のうち、家屋と借地権相当部分の譲渡について、本特例の適用を受けることが可能です。

（小林　磨寿美）

1－3　土地及び建物が同一の被相続人からの相続により取得したものでない場合

事　例	判　断
父が亡くなり、相続人である母と私は、父所有の居住用不動産のうち、家屋を母が、その敷地を私が相続しました。母はその家屋に一人で住んでいましたが、程なくして、母も亡くなり、母が居住していた家屋も私が相続しました。 私はこの家屋と敷地を第三者に譲渡する予定ですが、相続空き家譲渡の特例の適用を受けることができるのでしょうか。	×

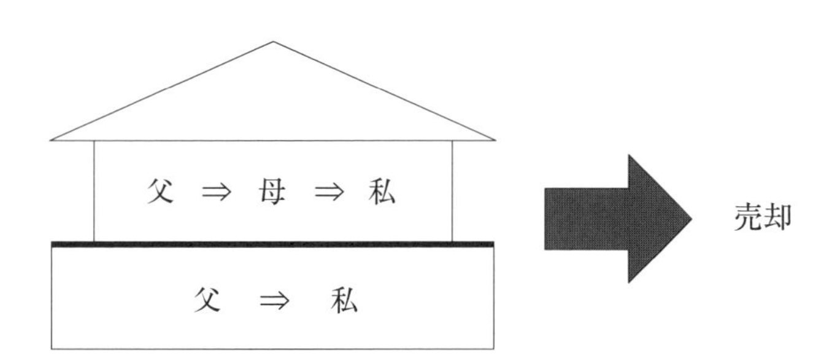

POINT

1　本特例を受けることができる者の要件

相続空き家譲渡の特例を受けることができる者は、相続により、被相続人居住用家屋とその家屋の敷地等の両方を取得した相続人（措通35－9）ですが、複数の被相続人から家屋と敷地等を別々に取得した場合、この特例の適用を受けることができるかどうか、疑問が生じます。

そこで、租税特別措置法の条文に戻ってみてみると、本特例を受けることができる者は、「相続又は遺贈（贈与者の死亡により効力を生じる贈与を含む。……）による被相続人居住用家屋及び被相続人居住用家屋の敷地等の取得をした相続人（包括受遺者を含む。……）」（措法35③）とあり、最初の「被相続人」と次の「被相続人」が別の者であると解釈することには無理があります。

両親の一方に相続が発生した際に、二人で居住していた自宅不動産について、まだ片親が健在なときに、どのように相続するのが最適なのか、相続税法的な観点、民法的な観点から、意見が分かれるところですが、譲渡所得的な観点についても、判断の１要素として考慮する必要があります。

２　判　断

本事例において、あなたは父の相続により父母の居住用家屋の敷地を取得し、その後母の相続により母の家屋を取得しています。したがって、本特例の適用要件を満たす被相続人居住用家屋とその敷地の両方を取得した相続人による譲渡に該当しませんので、この特例の適用を受けることはできません。

（小林　磨寿美）

1－4　相続人でない者が遺贈により不動産を取得した場合

事　例	判　断
父は、母が亡くなった後一人住まいをしており、子である私が遠くに住んでいるため、近くに住んでいる甥が、父の身の回りの世話をしていました。 父が亡くなり、その遺言書には、私に金融資産を相続させ、その甥に父が住んでいた自宅及びその敷地を遺贈するとあり、それに従って、甥はこれらの不動産を取得しました。 この甥はこれらの不動産を譲渡するときに、相続空き家譲渡の特例の適用を受けることができるのでしょうか。	

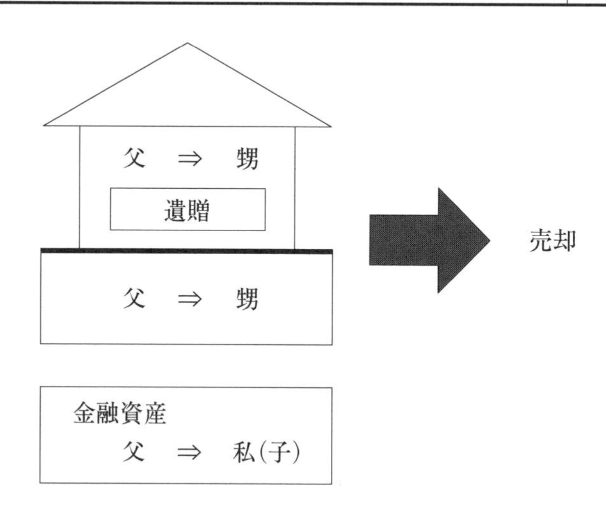

POINT

1　本特例を受けることができる者の要件

相続空き家譲渡の特例を適用できる者は、「相続又は遺贈（贈与者の死亡により効力を生じる贈与を含む。……）による被相続人居住用家屋及び被相続人居住用家屋の敷地等の取得をした相続人（包括受遺者を含む。……）」（措法35③）です。つまり、相続人又は包括受遺者（個人）でなければ、特例の適用を受けることはできません。

ここで包括遺贈とは、財産の全部又は何分の何という形で行われる遺贈をいい、特定遺贈とは、遺贈の目的が具体的に特定された遺贈をいいます。また、包括受遺者は相続人と同一の権利義務を有するとされていますので（民990）、相続人以外の者（個人に限ります。）に対する遺贈の場合は、包括受遺者のみがこの特例の適用を受けることができるとされているのです。

2　判　断

本事例で居住用不動産を取得した甥は、被相続人の相続人ではなく、受遺者であるということになります。そして、遺言書では、特定の財産である自宅及びその敷地を遺贈の目的としていますので、特定遺贈に該当します。したがって、包括受遺者に該当しない甥は、この特例の適用を受けることはできません（特定遺贈と包括遺贈の判断について、事例1－9を参照）。

（小林　磨寿美）

1－5　相続開始前から居住用家屋の敷地が共有名義となっていた場合

事　例	判　断
独り暮らしをしていた母が亡くなりました。母が住んでいた家屋（1棟）は母が単独所有していたものですが、その敷地は母と相続人である私が共有で所有していたものです。 私は、これら母所有の不動産を相続しましたが、これらを第三者に譲渡する予定でいます。 私は相続空き家譲渡の特例の適用を受けることができるのでしょうか。	母の持分について ○

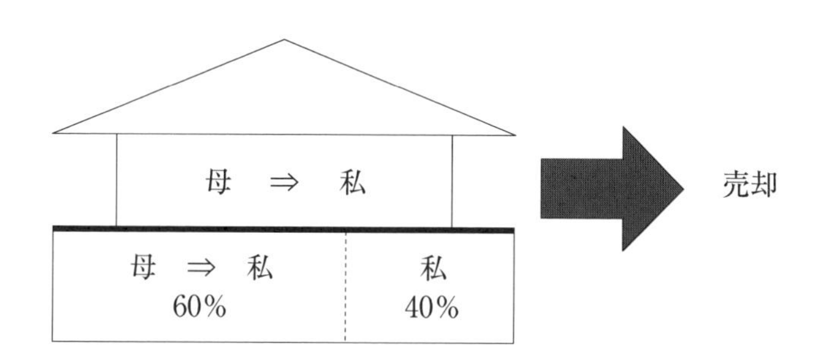

POINT

1　相続開始前から居住用家屋の敷地が共有名義となっていた場合

相続空き家譲渡の特例の対象である被相続人居住用家屋は、相続の開始の直前において相続に係る被相続人の居住の用に供されていた家屋で政令で定めるものをいい、同じく被相続人居住用家屋の敷地等は、相続の開始の直前において被相続人居住用家屋の敷地の用に供されていた土地として政令で定めるもの又はその土地の上に存する権利をいいます（措法35⑤）。もし、これらの不動産がそれぞれ共有であるならば、共有者がそれぞれの不動産を同時に所有していることになり、その利用状況は、各共有不動産全体に及びます。つまり、その不動産が被相続人の居住の用に供されているのであれば、全ての部分が居住の用に供されていることとなります。

そして、本特例を受けることができる者は、相続により、被相続人居住用家屋とその家屋の敷地等の両方を取得した相続人であることから（措通35－9）、たとえ被相続人が所有していたのが居住用家屋とその敷地の持分であったとしても、相続人がそれぞれの持分を取得した場合は、その取得した持分について、この特例の適用を受けることとなります。

2　判　断

本事例において、あなたが相続により取得したのは、被相続人の居住用家屋とその敷地の持分60％です。したがって、あなたがこれら不動産を譲渡したとしても、この特例の適用を受けることができるのは、居住用家屋とその敷地の持分60％となります。

本事例において、もし、あなたが相続開始前から居住用家屋の一部の持分、例えば10％を有していたとしても、母が居住していたのは家屋の全体ですので、家屋の持分の相違が敷地の利用について、影響を与えることはありません。つまり、この特例の適用を受けることができる部分は、居住用家屋の90％とその敷地の持分60％となります。

（注）　共有の場合、対価要件との関係にも注意してください（事例５－３など参照）。

（小林　磨寿美）

1－6　第一次相続が未分割のままで第二次相続が発生した場合（相続人が1人の場合）

事　例	判　断
居住用不動産を所有する父が亡くなり、相続登記を行わないまま、母が引き続きその不動産に一人で住んでいました。その後、母も亡くなり、両親の唯一の子である私は、これら不動産を第三者に売却しようと考えています。私は、相続空き家譲渡の特例の適用を受けることができるのでしょうか。	母の持分について ○

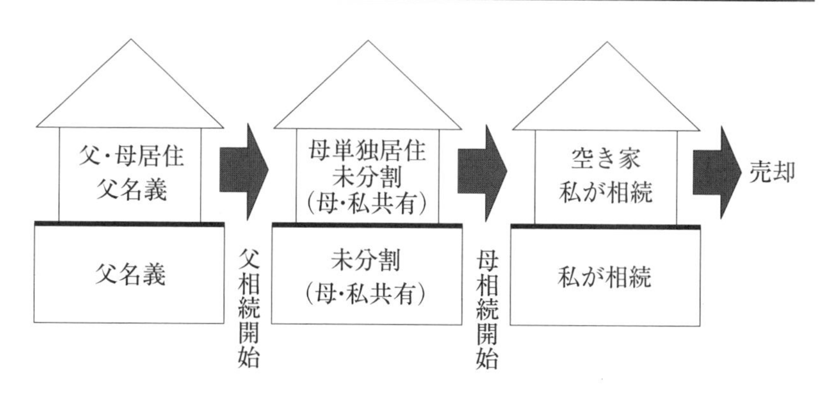

POINT

1　第一次相続が未分割のままで第二次相続が発生した場合（相続人が1人の場合）

数次相続の事例において、第一次相続において相続登記を行わないまま、第二次相続が発生することがあります。この相続登記が行われていないことが、遺産分割協議が成立していないことを原因とする場合、税務上の特例の適用はどのようになるか疑問が生じます。

相続税の特例については、通達により、第二次相続の共同相続人と第二次相続に係る被相続人以外の第一次相続による共同相続人とで遺産分割協議を行って分割するという方法も認められています（詳細は事例１－７参照）。しかし、第二次相続の共同相続人と第二次相続に係る被相続人以外の第一次相続による共同相続人が一人となる場合は（いわゆる「一人っ子の再転相続」）、遺産分割協議を行うことはできません。

実際に、登記事例において、このようなケースについて、一人では遺産分割協議はできないとした裁判例があります（東京地判平26・3・13（平25（行ウ）372）裁判所ウェブサイト、東京高判平26・9・30（平26（行コ）116）裁判所ウェブサイト）。

この裁判例では、第一次相続が父親、第二次相続が母親を被相続人とするもので、第二次相続の相続人が子一人となるものです。子が、第一次相続によって父親の遺産である不動産の共有持分の全部が直接自分に移転したことを登記原因として、戸籍謄本、除籍謄本及び遺産処分決定書を提出し登記申請を行ったことについて、登記官が登記原因証明情報の提供がないとして、不動産登記法25条９号に基づきその申請を却下した決定は、適法であるとしたものです。重要なのは、その判決において、父親の遺産である各共有持分は、①第一次相続の開始時において、母親及び子に遺産共有の状態で帰属し、その後、②第二次相続の開始時において、その全てが子に帰属したというべきであるとした点です。つまり、第一次相続が未分割のまま、第二次相続が開始してしまった状況では、残された相続人一人で第一次相続に係る被相続人の遺産分割を行うことはできないため、第二次相続の被相続人は第一次相続の被相続人の遺産について法定相続分（２分の１）の取得が確定すると解されます。

もっとも、第一次相続において相続登記が行われていなかったことが、遺産分割協議自体は完了していたが協議書を作成していなかったことによる場合は、平成28年3月2日付け法務省民二153号法務省民事局長民事第二課長回答の取扱いにより、ただ一人残された相続人が作成した遺産分割協議証明書により、第一次相続に係る相続登記申請を行うことができるようです。しかし、相続空き家譲渡の特例の適用については、この第一次相続に係る遺産分割協議の内容により、特例の適用関係が変わることから、その内容の立証には厳密な客観性が求められると考えられます。

2　判　断

本事例では、父が所有していた居住用不動産は、母とあなたが法定相続分により取得したこととなります。したがって、母の相続により、あなたが取得した居住用不動産はその持分の2分の1（法定相続分）であるため、あなたがこの特例の適用を受けることができるのは、母から相続した持分の2分の1に留まることとなります。

ただし、遺産分割協議は、遺言のような要式行為ではないことから、例えば、あなたと母の間で、口頭による遺産分割協議が成立していた事実を客観的に立証できるのであれば（上記の遺産分割協議証明書の前提となる事実の立証ができれば）、この判断が異なってくることになります（注）。

（注）　例えば、母が「最後は全部お前のものになるのだから、最初からお前が相続すればよい」などという会話が母と子で交わされることも想定されます（その場合は、この特例が適用できないことになります。）。

なお、令和6年4月から施行されている不動産登記に係る相続登記申請の義務化によって、今後、このような事例は減少してくると思われます。

（小林　磨寿美）

1－7　第一次相続が未分割のままで第二次相続が発生した場合（相続人が２人の場合）

事　例	判　断
居住用不動産を所有する母が亡くなり、遺産分割を行わないまま、父が引き続きその不動産に一人で住んでいました。その後、父も亡くなり、父と母の相続人である私と弟は、これら不動産を第三者に売却しようと考えています。 私と弟は、相続空き家譲渡の特例の適用を受けることができるのでしょうか。	父の持分について ○

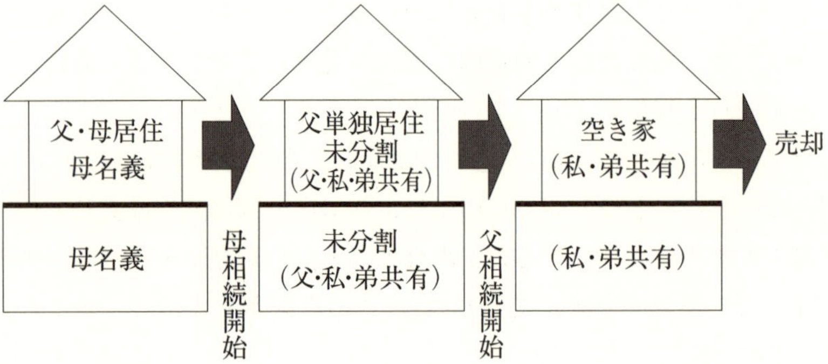

父・母居住
母名義
母名義
母相続開始
父単独居住
未分割
（父・私・弟共有）
未分割
（父・私・弟共有）
父相続開始
空き家
（私・弟共有）
（私・弟共有）
売却

POINT

1　第一次相続が未分割のままで第二次相続が発生した場合（相続人が２人の場合）

数次相続の事例において、第一次相続において相続登記を行わないまま、第二次相続が発生することがあります。このようなケースで、相続税においては、配偶者の税額軽減（相法19の２）や小規模宅地等の課税特例（措法69の４）の適用について、通達が設けられています。

相続税法基本通達19の２－５は配偶者が財産の分割前に死亡している場合における配偶者の税額軽減の適用についてのものですが、それには次のとおり定められています。

「相続又は遺贈により取得した財産の全部又は一部が共同相続人又は包括受遺者によって分割される前に、当該相続（以下19の２－５において「第一次相続」という。）に係る被相続人の配偶者が死亡した場合において、第一次相続により取得した財産の全部又は一部が、第一次相続に係る配偶者以外の共同相続人又は包括受遺者及び当該配偶者の死亡に基づく相続に係る共同相続人又は包括受遺者によって分割され、その分割により当該配偶者の取得した財産として確定させたものがあるときは、法第19条の２第２項の規定の適用に当たっては、その財産は分割により当該配偶者が取得したものとして取り扱うことができる。」

つまり、第一次相続により取得した財産の全部又は一部を、第一次相続に係る配偶者以外の共同相続人又は包括受遺者及び当該配偶者の死亡に基づく相続に係る共同相続人又は包括受遺者によって分割することにより第二次相続の被相続人の財産として確定することができ、その確定したことについて、税務でも認めるとしているのです。

なお、小規模宅地等の課税特例についても租税特別措置法（相続税法の特例）関係通達69の４－25（共同相続人等が特例対象宅地等の分割前に死亡している場合）において、同様な方法が認められています。

このことから、所得税法の特例ではありますが、相続空き家譲渡の特例の適用についても、第一次相続により取得した財産の全部又は一部を、第一次相続に係る配偶者以外の共同相続人又は包括受遺者及び当該配偶者の死亡に基づく相続に係る共同相続人又は包括受遺者によって分割することにより第二次相続の被相続人の財産として確定することができ、その確定したものを、被相続人居住用家屋及びその敷地として、相続空き家譲渡の特例の適用対象とすることができると考えられます。

2　判　断

本事例では、母が所有していた居住用家屋及びその敷地について、あなたと弟が第一次相続に係る遺産分割協議を行い、それぞれその全部又は一部を父に取得させることができます。

そして、その遺産分割協議により父が居住用家屋及びその敷地の両方について全部又は一部を取得したならば、父の相続により、その両方を取得したあなた又は弟は、父が母から相続により取得した居住用不動産の持分について、本特例の適用を受けることができます。

（小林　磨寿美）

1－8　家屋を取り壊すため家屋の相続登記を行わなかった場合

事　例	判　断
父が亡くなり、相続人である私は、父が住んでいた父所有の家屋とその敷地を相続しました。 私はこの家屋が老朽化しているため、相続登記をせずに取り壊し、敷地を第三者に譲渡しました。 私は相続空き家譲渡の特例の適用を受けることができるのでしょうか。	○

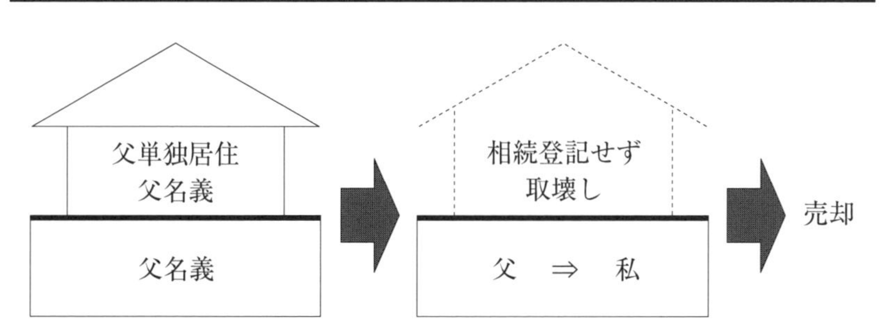

POINT

1　取得した家屋が被相続人居住用家屋であることの証明がない場合

相続空き家譲渡の特例を受けるためには、譲渡する不動産が、被相続人から相続により取得した居住用家屋とその敷地等であることを証明する書類を譲渡所得の金額の計算に関する明細書とともに、その年分の確定申告書に添付して提出する必要があります（措法35⑫）。

具体的には、被相続人居住用家屋及び被相続人居住用家屋の敷地等の登記事項証明書その他の書類で次に掲げる事項を明らかにするものとなります（措規18の2②二）。

①　譲渡をした者が被相続人居住用家屋及び被相続人居住用家屋の敷地等を被相続人から相続により取得したこと。

②　被相続人居住用家屋が昭和56年5月31日以前に建築されたこと。

③　被相続人居住用家屋が建物の区分所有等に関する法律1条の規定に該当する建物でないこと。

そして、登記事項証明書で特例の対象となる被相続人居住用財産であることについての証明ができない場合には、例えば次の書類により、上記①～③の事項を証明することになります（措通35－26）。

①　遺産分割協議書

②　確認済証（昭和56年5月31日以前に交付されたもの）、検査済証（当該検査済証に記載された確認済証交付年月日が昭和56年5月31日以前であるもの）、建築に関する請負契約書

③　固定資産課税台帳の写し

2　判　断

本事例では、あなたは家屋を取り壊すため家屋の相続登記を行わなかったということです。つまり、あなたが被相続人居住用家屋を相続により取得したことを登記事項証明書では証明できません。その代わりに、その家屋をあなたが相続により取得する旨が記載された遺産分割協議書を、確定申告書に添付することにより、本特例の適用を受けることができます（措通35－26）。

（注）　その家屋が未登記であった場合、事例4－2を参照してください。

（小林　磨寿美）

1－9　包括遺贈と特定遺贈に関する判定が必要な場合（その判定と特例適用の可否）

事　例	判　断
被相続人は、一人で自宅に住んでいましたが、子供たちが遠方に住んでいたことから、近くに住んでいた姪が、被相続人の身の回りの世話をしていました。このため、その姪は、被相続人の遺言により被相続人の居住用不動産を取得しました。この遺言の内容が〔ケース1〕又は〔ケース2〕あるいは〔ケース3〕である場合、受遺者である姪は、この不動産を譲渡するときに相続空き家譲渡の特例の適用を受けることができますか。 〔ケース1〕 姪に被相続人が居住している家屋及びその敷地である土地を遺贈するとしている場合 〔ケース2〕 姪に被相続人の財産の全てを遺贈するとしている場合 〔ケース3〕 子に金融資産を相続させ、それ以外の遺産を姪に遺贈するとしている場合	〔ケース1〕  〔ケース2〕  〔ケース3〕 

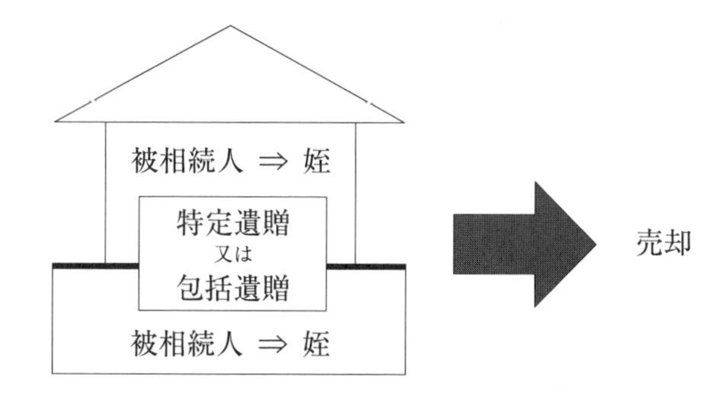

POINT

1　本特例を受けることができる者の要件

相続空き家譲渡の特例を適用できる者は、事例1－4で述べたように、相続人又は包括受遺者です。したがって、遺産を相続人以外の者が取得した場合、それが包括遺贈によるものか、特定遺贈によるものかが問題となります。

民法964条では、「遺言者は、包括又は特定の名義で、その財産の全部又は一部を処分することができる。」としています。前者が包括遺贈であり、後者が特定遺贈です。遺贈の対象が特定の財産である場合は特定遺贈とされ、財産の全部又は一定割合を遺贈の対象とする場合は包括遺贈とされます。

ところで、遺言書に「財産」とある場合、遺言者がマイナスの財産を含むと考えていたかについては疑問があります。判例では、包括遺贈と特定遺贈の区別は、最終的には遺言者が当該受遺者を包括受遺者と考えていたのか特定受遺者と考えていたのか、という真意解釈の問題であるとしています（最判昭58・3・18家月36・3・143）。もっとも、実務では、遺産の全部又は一定の割合額の遺贈は、特に反証のない限り包括遺贈であるとしているようです。

なお、「特定財産を除く相続財産（全部）」という形で範囲を示された財産の遺贈であっても、それが積極、消極財産を包括して承継させる趣旨のものであるときは、相続分に対応すべき割合が明示されていないとしても、包括遺贈に該当するものと解するのが相当であるとした裁判例もあり（東京地判平10・6・26判時1668・49）、最終的には遺言者の意思がどうであったかにより判断されるということのようです。

2　判　断

本事例で居住用不動産を取得した者（姪）は、被相続人の相続人ではなく、受遺者であるということになります。

そして、〔ケース1〕は特定の財産を遺贈の目的とし、〔ケース2〕は財産の全てを遺贈の目的としています。つまり、姪は、本特例の適用に関して、〔ケース1〕は特定遺贈に該当することから、特例の適用を受けることはできませんが、〔ケース2〕は包括遺贈に該当すると考えられることから、本特例の適用を受けることが可能です。

しかし、〔ケース3〕については、記載されている情報だけでは、遺言者（被相続人）が姪を包括受遺者と考えていたのかどうか判断できないことから、遺言者の意思がどこにあったかの更なる検討が必要となります。

（小林　磨寿美）

1－10　相次相続による取得者がいる場合

事　例	判　断
次の場合、乙及び丙は相続空き家譲渡の特例の適用を受けることができるでしょうか。 ①　10年前に父が亡くなり、父と母が居住の用に供していた父所有の家屋とその敷地を、下図のとおり３人の相続人で取得した。 ②　その後、その家には母が一人で住んでいたが、母も昨年５月に亡くなり、母の持分２分の１を下図のとおり甲と乙で２分の１ずつ（全体の４分の１ずつ）で取得した。 ③　そして、本年１月に甲が亡くなり、甲の持分２分の１（全体の持分）を丙が取得した。 ④　この度、乙と丙は、この家屋を取り壊してその敷地を売却することにした。	乙：一部持分  丙：全部持分 

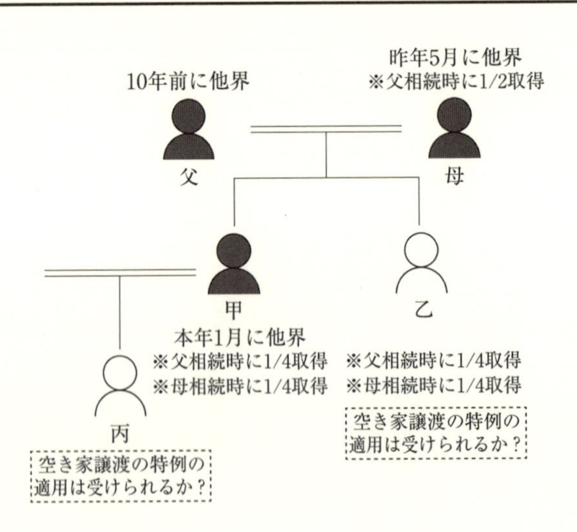

POINT

1　相続人が亡くなった場合の特例適用の可否

（1）　適用要件

相続空き家譲渡の特例要件は、租税特別措置法35条３項本文に「相続又は遺贈による被相続人居住用家屋及び被相続人居住用家屋の敷地等の取得をした相続人が、……」譲渡した場合と、その取得原因（事由）が制限されています。そして、同条５項３号に、被相続人居住用家屋について「当該相続の開始の直前において当該被相続人以外に居住をしていた者がいなかったこと」と、相続開始直前における利用状況に関する要件が規定されています。

（2）　事例の整理と当てはめ

上記（１）の要件に則して、本事例を整理します。

① 10年前に父が他界した際に、母、甲及び乙の３人の相続人が取得した持分のうち甲と乙の取得持分は、父の相続開始時において母がその家屋に居住していたので、被相続人が一人で住んでいた家屋であるという本特例の適用要件に該当しません（注）。

（注）　当然、その譲渡が、相続開始の日から所定の期限までに行われていない点でも、本特例を適用できません。

② 一方、母が父から相続した２分の１の持分については、父が亡くなった後、母がその家屋に一人で居住していたので被相続人居住用家屋と同敷地に該当します。したがって、仮に、甲が亡くなる前に譲渡していたならば、甲及び乙が母から相続した全体の各４分の１の持分相当部分（母の持分２分の１の各２分の１）は、本特例の適用対象になります。

（3）　相次相続による移転

本事例における譲渡者のうち丙は、母の相続人であった甲が今年亡くなったことに伴い、甲が母から相続により取得した被相続人居住用家屋とその敷地の持分を再度の相続によって取得した相続人になります。このため、上記(1)で確認した本特例の適用要件のうち、被相続人居住用家屋及び同敷地を相続によって取得した相続人に該当しないことになります。

また、丙が相続した持分は祖母が亡くなり既に空き家になっていた家屋とその敷地の持分になります。すなわち、本特例の適用対象になるのは、あくまでも相続開始直前に被相続人が一人住まいしていた被相続人居住用家屋とその敷地の譲渡であり、丙は、この点でも本特例の適用はできません。

2　判　断

（1）　乙について

父から相続した4分の1の持分相当（全体の持分）については、被相続人居住用家屋等と同敷地に該当しないので本特例の適用を受けることはできません。一方、母から相続した4分の1の持分相当（全体の持分）については、本特例の適用を受けることができます。

（2）　丙について

相次相続による取得者については、そもそも被相続人居住用家屋及び同敷地を相続により取得をした相続人に該当しないため、本特例の適用を受けることはできません。

（分銅　雅一）

1－11　相続人が非居住者である場合

事　例	判　断
私は、現在英国に居住しており、日本の所得税法における非居住者に該当します。 このたび、相続により、父が一人で居住していた日本国内の家屋とその敷地を取得しました。 この家屋と敷地の譲渡について、相続空き家譲渡の特例を適用することは可能でしょうか。	○

POINT

1　特例の適用要件

相続空き家譲渡の特例の適用要件としては、①特例適用可能な者に関する要件、②譲渡対象資産に関する要件、③譲渡の時期に関する要件、④譲渡対価の額に関する要件、⑤相続後の利用制限に関する要件、⑥申告要件等があります。

このうち、①の本特例の適用が可能な者の要件には、その者の居住地について特段の制限は付されていません（措法35③）。

2　判　断

本件譲渡が、所得税法上の非居住者に該当する期間に行われるものであっても、その他の要件を満たす限り、相続空き家譲渡の特例の適用が可能です（下記の３参照）。

なお、この逆のパターン（被相続人が国外に居住していた場合）については、事例２－７を参照してください。

3　参　考

（1）　申告義務

本事例における相続人は、日本の所得税法における「非居住者」に該当します。この場合、日本国内にある土地・建物の譲渡に係る所得（国内源泉所得）を生じると日本の所得税の申告・納税が必要になります（所法164①二）。

（2）　源泉徴収義務

本事例のように、非居住者から不動産を取得した者には源泉徴収義務との関係も生じてきます。具体的には、日本の国内所在の不動産を非居住者から取得した者（個人・法人）は、原則として10.21％の税率によって源泉徴収を行う必要があります（所法213①二・161①五）。ただし、譲渡対価の額が１億円以下で、かつ、取得者がその土地等を自己又は親族の居住の用に供するために譲り受けた個人である場合はこの限りではありません（所令281の３）。

（塩野入　文雄）

2　被相続人が一人住まいであることの要件

2－1　同居人がいた場合

事　例	判　断
私は、先般亡くなった父が所有していた家屋とその敷地を、相続により全部取得しました。その家屋には、両親が二人で住んでいましたが、父が亡くなったので、母は、同じ市内にある私の家で私と同居することにしました。 そこで、両親が住んでいた家屋を取り壊して、その敷地を譲渡することにしていますが、本件譲渡について、相続空き家譲渡の特例を適用できますか。	×

POINT

1　「一人住まい」であったこと（「被相続人居住用家屋」の要件）

譲渡した家屋・敷地が相続空き家譲渡の特例の適用対象となる「被相続人居住用家屋」に該当するためには、被相続人が住んでいた家屋が、「その相続の開始の直前において当該被相続人以外に居住していた者がいなかったこと」、すなわち、被相続人が「一人住まい」していたことが、その要件の一つになっています（措法35⑤三）。

この点、本事例に関しては、その判断に迷うことはありませんが、事例２－２や２－３などにおける判断に関係してきますので、ここで「居住」の意義について触れておきます。

本特例に係る法令や通達には、その意義などが明示されてはいませんが、租税特別措置法31条の３に規定されている居住用財産を譲渡した場合の長期譲渡所得の課税の特例（軽減税率の特例）に関する租税特別措置法関係通達31の３－２《居住用家屋の範囲》の定めが参考になると考えます（注）。

（注）　租税特別措置法関係通達35－27は、軽減税率の特例に関する同通達31の３－11、31の３－20から３－25の定めを準用していますが、同通達31の３－２は、相続空き家譲渡の特例（被相続人居住用財産）と本人居住用財産との違いがあるので準用されていません（本人居住用財産の3,000万円特別控除に関する同通達35－６は、当然ですが、同通達31の３－２を準用しています。）。

この通達によれば、「『その居住の用に供している家屋』とは、その者が生活の拠点として利用している家屋（一時的な利用を目的とする家屋を除く。）をいい、これに該当するかどうかは、その者及び配偶者等（社会通念に照らしその者と同居することが通常であると認められる配偶者その他の者をいう。以下この項において同じ。）の日常生活の状況、その家屋への入居目的、その家屋の構造及び設備の状況その他の事情を総合勘案して判定する。」とあります。

そして、「転勤、転地療養等の事情のため、配偶者等と離れ単身で他に起居している場合であっても、当該事情が解消したときは当該配偶者等と起居を共にすることとなると認められるときは、当該配偶者等が居住の用に供している家屋は、その者にとっても、その居住の用に供している家屋に該当する。」とされています。

2　本事例について

あなたの父が亡くなった後、母がその家屋に居住しないことになったとしても、相続開始の直前において、その家屋に父と同居していたのであれば、被相続人等居住用家屋に該当せず、本特例の適用を受けることはできません。

なお、例えば、あなたの母が病院に入院中にあなたの父が亡くなったケースについては事例２－３を参照してください。また、老人ホームへの入所といった一定の事由（特定事由）により、その家屋が相続開始直前において居住の用に供されていなかった場合には、老人ホーム入所等の直前において、その家屋に被相続人以外に居住者がいなかったか否かにより判定を行います。この点については、事例３－１や３－４を参照してください。

３　判　断

相続開始直前において、その家屋に父（被相続人）が一人で居住していませんでしたので、本特例の適用はできません。

なお、被相続人が、その家屋に一人で住んでいたかどうかの点は、同居人の有無に限らず、アパートなどのように他の独立利用部分に住んでいた人がいたかどうかが問われる点に注意してください（事例２－５参照）。

（塩野入　文雄）

2－2　子が介護のために一時的に同居していた場合

事　例	判　断
先般亡くなった父が所有していた家屋とその敷地を相続により、私が全部取得しました。その家屋には、10年前に母が亡くなってから、父が一人で住んでいました。 ところが、父に日常的な介護が必要となったのですが、私は他県に住んでいたため、父が入所できる老人ホームが見つかるまで（長くても半年程度の予定で）仕事を休職し、父の家に起居して父の介護に当たりました。なお、父の家に行く際には、私の必要最低限の身の回りの衣類等を持参しただけです。この間、私の家族（配偶者及び子供）は、引き続き他県にある私の自宅で生活していました。また、父が老人ホームに入所した後、私は自宅に戻り、仕事に復職しましたが、父は１か月後に亡くなりました。 相続空き家譲渡の特例の適用に際しては、相続開始の直前において、その家屋に被相続人が一人で住んでいたことが要件とされていると聞きました。 父が亡くなる直前において、私は介護のため父と起居していましたので、この家屋・敷地を譲渡した場合、この特例を適用できないということになるのでしょうか。	○

POINT

1　相続人の半年間における居住に関する検討

相続空き家譲渡の特例の適用に当たって、被相続人が相続開始直前に、その家屋で一人住まい（一人で居住）していたかどうかの判定が必要になりますが、「居住」の意義については事例2－1で説明したとおりです。

一方で、あなたは、父を介護するために一定期間父と起居を共にしたわけですが、この限りでは（この点だけに着目すると）、父が一人住まいをしていなかったことになります。

しかしながら、その間、あなたの配偶者や子供は他県にあるあなたの自宅におり、また、あなたは、父が老人ホームに入所できるまでの予定で仕事を休職し（退職や転職しておらず）、介護が終了してからは（父が老人ホームに入所後は）自宅に戻り仕事に復職しています。

このように、あなたが父の家屋に起居することとなった経緯（介護）と、その期間（半年程度）、あなたの家族・仕事の状況（家族は自宅に居住、自宅からの通勤等）を考慮すると、あくまで介護を目的として一時的に父の自宅（家屋）に起居したのであって、その家屋をあなたの「生活の拠点として利用」していたと捉える必要はないと考えます（父の自宅に父以外の者が居住していたと捉える必要はないと考えます。）。なぜなら、あなたの半年間の父の家における起居は、いわば、租税特別措置法関係通達31の3－2《居住用家屋の範囲》に定められている単身赴任などと同様の状況にあり、この取扱いの考え方に準じて、あなたの居住していた家屋は（生活の拠点は）、他県にあるあなたの自宅であったと考えられるからです。

なお、租税特別措置法関係通達35－12は、「被相続人以外に居住していた者」について、その家屋を生活の拠点としていた被相続人以外の者をいうことを明らかにしている点を注視してください。

また、本特例の適用要件には、相続開始後におけるその家屋と敷地の利用制限が付されています（措法35③一イほか）。この点について、租税特別措置法関係通達35－16は、居住の用に一時的に利用していた場合もこの利用制限に抵触するとしていますが、相続開始直前において被相続人が一人住まいであったかどうかの判定は、上記のとおり、同通達35－12の取扱いによるので、両者の間の取扱いの違いを踏まえておくことが必要です。

2　判　断

あなたが半年間、介護のためにあなたの父の家に起居していた点は、一時的なものであって、あなたの居住の用（生活の拠点の用）に供していたと捉えることは相当ではないと考えます。すなわち、本特例の適用上、父が一人住まいをしていたと認められ、本件家屋・敷地の譲渡につき本特例を適用できると考えます（注）。

（注）　実務に当たって、税務当局から、あなたが父の家に半年間起居していた点を捉えて、父が一人住まいではなかったと指摘される可能性があるのではないか、という懸念が生じてきます（市区町村長による被相続人居住用家屋等の確認は、住民登録により行われますので、原則として、問題はないと思われます。）。

この懸念に関連して、ご質問には書かれていませんが、事例のような場合でも、あなたは月に１回程度（あるいは、状況にもよりますが、月に２、３回）はあなたの自宅に戻ることもあったと思われます。加えて、この事例では、適切な老人ホームへの入所までの半年間の予定のケースになっていますので、これらの点を総合的に考え合わせると、あなたの生活の拠点が父の家にあったとは認め難いと考えます。

（塩野入　文雄）

2－3　配偶者が病院に入院中に、被相続人が死亡した場合

事　例	判　断
私は、先般亡くなった父が所有していた家屋とその敷地を相続により全部取得しました。 その家屋には、もともと父と母が住んでいましたが、6か月前に母が大腿骨を骨折して入院、退院後、リハビリ施設に入所しての加療期間中に、父が自宅で心不全により亡くなりました。 相続空き家譲渡の特例の適用は、相続開始の直前にその家屋に被相続人が一人で住んでいたことが要件の一つとされていると聞きました。 父が亡くなった時点で、父は自宅に一人で住んでいたわけですから、この特例の適用が可能であると考えてよいでしょうか。	

POINT

1　母の居住に関する検討

相続空き家譲渡の特例の適用に当たって、被相続人が相続開始直前に一人住まいしていたかどうかの判定、「居住」の意義については、前の事例2－1で説明したとおりです。

この事例については、母がケガによる入院・リハビリにより自宅を離れて起居していますので、相続開始直前における母の「居住」していた場所の判定が必要になります。

この点、リハビリ施設が生活の拠点になり得る施設ではなく、加えて、その入所は、あくまでもリハビリのための一時的なものと考えら

れますので、母の生活の拠点がリハビリ施設に移転しているとまでは認められないと考えます。

2 判　断

本事例における家屋は、相続発生の直前において、母がリハビリ施設に入所中であっても、母の居住場所（生活の拠点）は本件家屋にあるので、本特例の「その相続の開始の直前において当該被相続人以外に居住していた者がいなかったこと」という要件を満たしていません。したがって、これを譲渡したとしても、本特例の対象にはならないと考えます。

（塩野入　文雄）

2－4　自宅兼店舗等（自営業）を譲渡した場合

事　例	判　断
被相続人が一人で住んでいた家屋の一部について、次のように被相続人の居住用以外の用に利用されていた部分があった場合、相続空き家譲渡の特例を適用できるのでしょうか（この家屋は区分所有建物に該当しません。）。 〔ケース１〕 被相続人が営む自営業の店舗として使用されていた場合 〔ケース２〕 被相続人が営む自営業の従業員寮として使用されていた場合	〔ケース１〕 （被相続人の居住用対応部分に限る。）  〔ケース２〕 

POINT

1　被相続人の居住用対応部分への適用

相続空き家譲渡の特例は、相続開始直前における被相続人の居住の用に供されていた家屋及びその敷地の譲渡に対して適用される特例です。したがって、家屋の一部が店舗になっていた場合など、被相続人が居住していた家屋に、居住用部分と店舗などの非居住用部分があった場合、本特例の適用自体ができなくなってしまうのではないか、という疑問が生じてきます（ただし、相続開始の直前において、その家屋に被相続人以外の者が居住をしていた場合には、本特例の適用はできない点に注意が必要です（措法35⑤）。）。

上記の点、すなわち、その家屋に被相続人の居住部分とそれ以外の部分があった場合、家屋のうち、被相続人の居住の用に供されていた部分とこれに対応する敷地について、本特例を適用できるとされています（措令23④）。

具体的には、その譲渡に係る収入金額を居住用部分とそれ以外の部分の面積比で按分し（注）、居住用部分の譲渡所得の金額から本特例の特別控除額を控除します。

（注）　この按分計算の関係は、事例４－８と５－２で説明していますので、そちらを参照してください。

２　判　断

（１）　〔ケース１〕（自営業の店舗）

自営業者であった被相続人によって店舗として利用されていた部分に対応する譲渡については本特例の適用はありませんが、被相続人が居住の用に供していた部分に対応する譲渡には、その他の要件を充足していれば本特例の適用があります。

なお、対価要件（１億円以下）の判定に際しては、家屋・敷地の譲渡価額の総額ではなく、本特例の対象になり得る居住部分に対応する金額が１億円を超えるか否かで判定します（措通35－20(２)）。

ただし、この対価要件の判定については、本特例の特徴的な取扱いである「対象譲渡資産一体家屋等」などの取扱いがありますので、その詳細は、事例５－１や５－２などを参照してください。

（２）　〔ケース２〕（自営業の使用人宿舎（従業員寮））

上述したとおり、その家屋に相続開始直前において被相続人以外に居住していた者がいた場合、本特例の適用はできません（措通35－12）。

ここで、「被相続人以外に居住していた者」には、被相続人との関係（親族・第三者）や居住形態（同居であったのか、独立した居住部分での居住であったのかなど）、あるいは、その目的（賃貸、事業の遂行）を問いません。

　したがって、本事例のように個人事業の使用人が被相続人の親族に該当するか否かを問わず、また、その貸付けが有償か無償かを問うことなく、相続開始直前においてその家屋に被相続人以外に居住していた者がいたのでいれば、その家屋は被相続人居住用家屋に該当せず、本特例の適用ができません。

　なお、この点は、相続税の小規模宅地等の課税特例（措法69の４）における取扱い（注）とは異なる要件になっている点に注意が必要です。

（注）　被相続人が営む事業に従事する使用人の寄宿舎等の敷地に供されていた宅地等は、被相続人の事業に係る事業用宅地等に該当するという取扱いがあります（措通69の４－６）。
　なお、親族に該当する使用人だけが居住しているケースではないことや有償貸付ではないことが必要です。

（塩野入　文雄）

2－5　一部賃貸していた家屋（自宅）を譲渡した場合

事　例	判　断
次のケースのように被相続人が一人で住んでいた家屋の一部を賃貸していた場合、相続空き家譲渡の特例を適用できるでしょうか（この家屋は区分所有建物には該当しません。）。 〔ケース1〕 アパートとして居室を賃貸し、第三者の居住の用に供されていた場合 〔ケース2〕 法人に賃貸し、その法人の従業員寮として利用されていた場合 〔ケース3〕 法人に賃貸し、その法人の事務所として利用されていた場合	〔ケース1〕 ✕ 〔ケース2〕 ✕ 〔ケース3〕 （被相続人の居住用対応部分に限る。） ○

POINT

1　部分適用に関する要件

相続開始直前において、その家屋に被相続人の居住用以外の利用部分がある場合における相続空き家譲渡の特例の適用関係は、事例2－4を参照してください。

2　判　断

（1）〔ケース1〕（アパート居室）及び〔ケース2〕（会社の従業員寮）

事例2－4に説明したように、相続開始直前において、被相続人が居住していた家屋に被相続人以外の者が居住をしていた場合には、その家屋及びその敷地の全部について本特例を適用できません（措法35⑤)。ここで、「居住」とは、被相続人との同居に限られず、第三者に賃貸して賃借人がその家屋の一部を生活の拠点として利用している（利用させている）場合も含まれます（措通35－12)。

したがって、上記の〔ケース1〕及び〔ケース2〕については、本特例の適用はできません。

（2）　〔ケース3〕(事務所として貸付け)

被相続人が居住していた家屋に、被相続人の居住用部分とは別に、居住用以外の用途に供されていた部分があった場合は、その家屋・敷地の全部について本特例が適用できなくなるのではなく、被相続人の居住用部分に対応する譲渡について本特例を適用することが可能です（その他の要件を満たすことが前提)。

したがって、この〔ケース3〕については、被相続人が居住していた部分以外の部分が会社の事務所として貸し付けられていたこと（利用されていたこと)、すなわち、被相続人以外の者が居住の用に供していなかったので、被相続人の居住用部分に対応する家屋・敷地の譲渡について本特例の適用が可能です。

ただし、相続開始後における利用制限との関係に注意してください(事例7－1ほか参照)。

（塩野入　文雄）

2－6　未利用部分（旧店舗部分）がある家屋を譲渡した場合

事　例	判　断
私は、先般亡くなった母が一人で住んでいた家屋とその敷地を相続により、その全部を取得しました。この家屋の具体的な利用経過は次のとおりです。私が、この家屋と敷地を譲渡した場合、旧店舗部分についても相続空き家譲渡の特例を適用できますか。 ①　母は、生前、その家屋の一部で美容室を営んでいた。 ②　もっとも、高齢になり、相続開始３年ほど前に廃業した。 ③　その後、店舗部分には美容室の施設・設備が残ったままで、未利用の状態となっていた。	△ 一部適用不可

POINT

1　概　要

相続空き家譲渡の特例は、被相続人が相続開始直前に居住の用に供していた部分に対して適用されます（措法35③）。したがって、「居住の用に供されていなかった部分」は本特例の対象になりません。

ただし、被相続人の居住の用に供されていなかった部分が居住用家屋・家屋の敷地等の面積の10％以下（居住の用に供されていた部分が90％以上）となるときは、その全体を居住の用に供していたものとして取り扱うことができます（措通35―15・31の３―８）（注）。

（注）　このような弾力的な判定方法は、居住用財産関係の特例に限らず、事業用資産の買換え特例（措通37―４）などにも適用されています。

2　判断（及び実務上のグレーゾーン）

（1）判　断

本事例では、廃業後の旧店舗部分に美容室の設備が残ったままで未利用の状態にあったということですので、被相続人の居住の用には供されていたということはできません。したがって、この部分について本特例の適用はできないと判断されます。

（2）実務上のグレーゾーン

本事例において、旧店舗（美容室）部分につき「未利用」という前提に立って上記(1)の判断を行っていますが、実際的には、廃業後の店舗部分が未利用であった（居住の用に供していなかった）という点について、その事実確認を的確に行う必要があるケースが少なくないと思われます。具体的には、旧店舗部分（空き部屋）に家財道具を置くようになり、いわば自宅の物置として利用しているようなケースをはじめとして、その旧店舗部分が、必ずしも未利用の空き部屋と言い切れないグレーゾーンが生じてくる事例があります。この点は、廃業後、相続開始までの期間が長くなればなるほど、未利用部分（被相続人の居住用に該当しない部分）であるという判断の難しさが増してきます。

もっとも、本事例のように美容院を廃業し、施設・設備等がそのままの状態で放置されているようなケースは、居住用の物置としての利用があったと認められる可能性（廃業後の施設等を家財道具として捉えた利用状況に関する判定の可能性）が高いように思われません。

なお、このような利用部分（未利用部分）の判定は、本特例の適用に限られず、本人居住用財産の譲渡所得の特例や相続税の小規模宅地等の課税特例など税務の様々な場面で生じてくる点に注意が必要です。

（塩野入　文雄）

2－7　被相続人が一人住まいしていた国外所在家屋を譲渡した場合

事　例	判　断
私の父は退職後海外に移住して、かなり古い家に一人で住んでいましたが、この度亡くなり、私がその家屋と敷地を相続しました。 今後、この家屋と敷地を譲渡した場合、相続空き家譲渡の特例を適用することは可能でしょうか。	×

POINT

リタイヤ後、海外に移住する方が少なくない昨今、本事例のようなケースが生じてきていますので、その対応に注意が必要です。

本事例では、譲渡対象となる資産が国外に所在しています。そこで、相続空き家譲渡の特例が国外資産について適用することができるのか、という点について検討します。

1　適用要件としての「国内にある資産」

（1）　類似の制度における取扱い

本特例について検討する前に、他の居住用財産の譲渡所得の特例における取扱いを概観しておきます。

ア　居住用財産の軽減税率

居住用財産を譲渡し、一定の要件に当てはまるときは、通常の場合よりも低い税率で長期譲渡所得の税額を計算する特例（軽減税率の特例）の適用を受けることができます。この特例の適用に関しては、その居住用家屋が「国内にあること」が要件とされています（措法31の３）。

したがって、国外財産にはこの特例を適用することはできません。

イ　本人居住用財産を譲渡した場合の3,000万円の特別控除

租税特別措置法35条２項（及び１項）に規定されている本人居住用財産の譲渡特例である「3,000万円控除の特例」については、適用対象になる居住用財産につき、日本国内に所在するものに限定されていません。したがって、国外から帰国した居住者が、国外で居住の用に供していた自宅を譲渡した場合についても、租税特別措置法35条２項の要件を満たす場合、同特例の適用が可能です（注）。

（注）　国税庁HP質疑応答事例の質疑応答事例＞譲渡所得＞「イギリスから帰国した居住者がイギリス国内で居住の用に供していた資産を譲渡した場合」を参照。

（２）　「相続空き家譲渡の特例」における法令上の定め

相続空き家譲渡の特例については、上記の本人居住用財産譲渡に関する「3,000万円控除の特例」と同様に、法の規定上、被相続人居住用家屋や同敷地の所在地について国内に限定する定めは置かれていません（措法35⑤）。

ただし、本特例の適用に際しては、その家屋の敷地等の所在地の市区町村又は特別区の区長が一定の事項を確認した旨を記載した書類（「被相続人居住用家屋等確認書」）を所得税の申告書に添付することが必要とされています。このため、国外所在物件については、この確認書提出に関する規定部分の適用が問題になってきます（措法35⑫、措規18の２①二イ（３）・ロ（３）・ハ（３））。

（３）　「市区町村又は特別区」について

ここで、上述の「市区町村又は特別区の長」について、厳密に日本の市区町村・特別区を指すのか、国外の地方自治体まで含むと解することができるかという疑問が生じます。

これについては、次の二つの点から、国外の地方自治体は含むこと

ができないと解釈せざるを得ないと考えます。

① 租税特別措置法の特例は本来課されるべき租税を政策的な見地から特に軽減するものであることから考えると、条文の文言に照らして厳格に解釈・適用すべきであって、みだりに拡張解釈はできない。

② 本特例が、そもそも日本国内における空き家問題の対策として創設された措置であることから考えると、条文の文言を拡張解釈して国外の地方自治体を含めることはできない。

2 判 断

上記により、本特例は、国外資産については適用できないと解釈せざるを得ないものと考えます。

(注) ただし、上述のような法律構成によって、結果として、法律では財産の所在地について限定をしていないにもかかわらず、省令によって所在地が限定されることになります。つまり、法律において直接的に規定されておらず、その解釈から導きだされる要件として新たな要件が省令によって課されている状況になっているとも考えられます(規則の規定によって、法の解釈が明らかになるという点は、本末転倒となっているといえるのではないかと思われます。)。

このため、これが租税法律主義に反しているのではないかという疑問が生じます。筆者は、国外財産に関する課税問題も日常的な課題になってきているなどの点から、法律において「国内に所在する資産であること」を要件として規定することが、課税要件明確主義の観点から望ましいのではないかと思料します。

(塩野入 文雄)

3　被相続人が老人ホームに入所等していた場合

3－1　被相続人が老人ホーム等に入所した後、そこで亡くなった場合

事　例	判　断
次の場合、私は相続空き家譲渡の特例の適用を受けることができるでしょうか。 ①　私は、昨年3月に亡くなった父が一人で住んでいた家屋とその敷地を相続により全部取得した。 ②　父は亡くなる数年前から要介護の認定を受けており、亡くなる1年ほど前に特別養護老人ホームに入所していた。 ③　入所後、家屋は未使用で、父の使っていた家財道具はそのままにしていた。 ④　父が亡くなった後、家屋を取り壊して、その敷地を本年11月に売却した。	○

POINT

1　相続開始の直前において特定事由により被相続人の居住の用に供されていない場合

相続空き家譲渡の特例の対象となる譲渡資産は、相続人が相続により取得した家屋やその敷地（土地又は土地の上に存する権利）が相続開始の直前において被相続人一人だけの居住の用に供されていたこと（一人住まいであったこと）が要件の一つとされています。

しかし、生活上介護等が必要であることなどの理由により、自宅で

はなく老人ホームに入所して相続開始の直前には自宅が空き家になっている場合があります。このような場合は、2に述べる「特定事由」により相続開始の直前に自宅が空き家となり被相続人の居住の用に供されていなくても、3で触れる「一定の要件」を満たす場合において本特例の適用が認められます（措法35⑤）。

2　特定事由

相続開始の直前において自宅が被相続人の居住の用に供されていなかった「特定事由」とは、次に掲げる事由です（措令23⑧）。

（1）　その入居・入所直前に、介護保険法19条1項に規定する要介護認定又は同条2項に規定する要支援認定を受けていた被相続人その他これに類する被相続人として財務省令で定めるもの（注）が次に掲げる住居又は施設に入居又は入所をしていたこと。

①　老人福祉法5条の2第6項に規定する認知症対応型老人共同生活援助事業が行われる住居、同法20条の4に規定する養護老人ホーム、同法20条の5に規定する特別養護老人ホーム、同法20条の6に規定する軽費老人ホーム又は同法29条第1項に規定する有料老人ホーム

②　介護保険法8条28項に規定する介護老人保健施設又は同条29項に規定する介護医療院

③　高齢者の居住の安定確保に関する法律5条1項に規定するサービス付き高齢者向け住宅（①に規定する有料老人ホームを除きます。）

（注）　要介護認定又は要支援認定を受けていない場合であっても、介護保険法施行規則140条の62の4第2号の地域密着型サービス及び施設サービス等の対象者に該当していた者（介護予防・日常生活支援総合事業において介護予防・生活支援サービス事業によるサービスのみを利用する者）（措規18の2③）についても、特定事由に該当する場合がある点に注意してください。

（２）　その入所直前に障害者の日常生活及び社会生活を総合的に支援するための法律21条１項に規定する障害支援区分の認定を受けていた被相続人が同法５条11項に規定する障害者支援施設（同条10項に規定する施設入所支援が行われるものに限ります。）又は同条17項に規定する共同生活援助を行う住居に入所又は入居をしていたこと。

３　一定の要件

被相続人の居住の用に供されていなかった場合に必要になる「一定の要件」とは次の要件です（措令23⑨）。

①　特定事由により被相続人の居住の用に供されていた家屋が被相続人の居住の用に供されなくなった時から相続の開始の直前まで引き続き被相続人の当該家屋が被相続人の物品の保管その他の用に供されていたこと。

②　特定事由により被相続人の居住の用に供されていた家屋が被相続人の居住の用に供されなくなった時から相続の開始の直前まで当該被相続人の当該家屋が事業の用、貸付けの用又は被相続人以外の者の居住の用に供されていたことがないこと。

③　被相続人が上記２に規定する住居又は施設に入居又は入所をした時から相続の開始の直前までの間において被相続人の居住の用に供する家屋が二以上ある場合には、これらの家屋のうち、この住居又は施設が、被相続人が主としてその居住の用に供していた一の家屋に該当するものであること。

４　判　断

本事例は、要介護の認定を受けていた被相続人が特別養護老人ホームに入所していたという「特定事由」により自宅が相続開始の直前において被相続人の居住の用に供されていなかったものであり、入所後における家屋は未使用で（注）、かつ、被相続人の家財道具もそのままであったことから入所後における「一定の要件」も満たしています。そして、相続開始後に家屋を取り壊して敷地を譲渡していることから、本特例の適用を受けることができます。

（注）　老人ホーム入所後の利用制限については、租税特別措置法関係通達35－9の3《特定事由により居住の用に供されなくなってから相続開始の直前までの利用制限》に具体的な取扱いが明らかにされています。
　なお、相続開始後における利用制限に関しては、同通達35－16《相続の時から譲渡の時までの利用制限》や35－17《被相続人居住用家屋の敷地等の一部譲渡》により具体的な取扱いが明らかにされており、また、事例7－1～7－4において事例別の判断に触れています。

（山岡　美樹）

3－2　要介護認定等の調査後、認定前に入所等した場合

事　例	判　断
次の場合、私は相続空き家譲渡の特例の適用を受けることができるでしょうか。 ①　私は、昨年3月に亡くなった父が一人で住んでいた家屋とその敷地を相続により全部取得した。 ②　父は要介護の認定の調査を終えていたが、認定を受ける前に特別養護老人ホームに入所していた。 ③　入所後、家屋は未使用で父の使っていた家財道具はそのままにしていた。 ④　父が亡くなった後、家屋を取り壊して、その敷地を本年11月に売却した。	✕

POINT

1　相続の開始の直前において特定事由により被相続人の居住の用に供されていない場合

相続空き家譲渡の特例は、相続の開始の直前において相続に係る被相続人一人だけの居住の用に供されていた家屋であること及び相続の開始の直前においてその家屋の敷地の用に供されていた土地又は土地の上に存する権利であることが要件とされています。

しかし、生活上介護等が必要であることなどの理由により、自宅ではなく老人ホーム等に入所し相続の開始の直前には自宅が空き家になっている場合もあることから、このような「特定事由」により相続の開始の直前に自宅が空き家となり被相続人の居住の用に供されていなかった場合において、この特例の適用が認められます（措法35⑤）。

この取扱いの適用を受けるための要件となる「特定事由」と「一定の事由」については事例３－１に説明していますので、そちらを参照してください。

2　要介護認定を受ける時期に関する検討

（1）　相続税における取扱い

この特例と同様に、相続税における小規模宅地等の課税特例の特定居住用宅地等（措法69の４③二）の適用についても被相続人が老人ホームに入所していた場合に関する取扱いがあります（措法69の４①、措令40の２②）。その要介護認定などを受けている時期について、租税特別措置法関係通達69の４－７の３《要介護認定等の判定時期》は相続開始直前においてその認定を受けていたかどうかにより判定するとしています。一方、国税庁HPに掲載されている相続税の質疑応答事例「老人ホームに入所していた被相続人が要介護認定の申請中に死亡した場合の小規模宅地等の特例」では、「被相続人が要介護認定等の申請中に相続が開始した場合で、その被相続人の相続開始の日以後に要介護認定等があったときには、要介護認定等はその申請のあった日にさかのぼってその効力が生ずる…」ので、「被相続人は相続の開始の直前において要介護認定等を受けていた者に該当するものとして差し支えありません。」という取扱いが明らかにされています。

（2）　相続空き家譲渡の特例における取扱い

本特例についても、上記（１）の相続税における取扱いと同様になるのではないか、という疑問が生じてきます。しかしながら、本特例については、租税特別措置法関係通達35－９の２《要介護認定等の判定時期》において、老人ホーム入所直前において要介護認定等を受けていたかどうかの点を判定することが明らかにされています。また、本特例については、小規模宅地等の課税特例に関する上記質疑応答事例に相当する取扱いは公表されていません。

上記質疑応答事例に示されている要介護認定等の申請と認定通知との法的関係に着目した場合、両者における取扱いに差異を設ける必要性は乏しいようにも思われますが、そのような緩和措置が講じられていない以上、また、両者の特例の趣旨・目的が異なることを併せて考えると、本特例の適用においては、その入所が、あくまでも要介護認定等を受けたことを契機としているケースに限定されているということになります（注）。

（注）　本特例が創設された平成28年度税制改正当時、相続税の小規模宅地等の課税特例については、平成25年度税制改正により老人ホーム入所のケースに関する措置が既に講じられていたところ、本特例については、平成31年度（令和元年度）税制改正により同措置が講じられたという経過がありました。

３　判　断

本事例は、被相続人居住用家屋が被相続人の居住の用に供されなくなる直前（特別養護老人ホームに入所する直前）において、被相続人が要介護認定を受けていないことから、「特定事由」に該当しないこととなり、本特例の適用を受けることができません。

（山岡　美樹）

3－3　老人ホーム等に入所した後に病院に入院したため、老人ホーム等を退所しその後に亡くなった場合

事　例	判　断
次の場合、私は相続空き家譲渡の特例の適用を受けることができるでしょうか。 ①　私は、昨年3月に亡くなった父が一人で住んでいた家屋とその敷地を相続により全部取得した。 ②　父は要介護の認定を受けており、亡くなる1年ほど前に特別養護老人ホームに入所していた。 ③　入所後父が施設で転倒骨折し病院に入院した。入院が長期になるので老人ホームを退所したが、その後入院先の病院で父は死亡した。 ④　入所後家屋は未使用で父の使用していた家財道具はそのままにしてあったが、家屋を取り壊して本年11月に売却した。	×

POINT

1　相続の開始の直前において特定事由により被相続人の居住の用に供されていない場合

相続空き家譲渡の特例は、相続により取得した譲渡資産が、相続の開始の直前において被相続人一人だけの居住の用に供されていた家屋であること及び相続の開始の直前においてこの家屋の敷地の用に供されていた土地又は土地の上に存する権利であることが要件とされています。

しかし、生活上介護等が必要であることなどの理由により、自宅ではなく老人ホーム等に入所し相続の開始の直前には自宅が空き家にな

っている場合もあることから、このような「特定事由」により相続の開始の直前に自宅が空き家となり被相続人の居住の用に供されていなかった「一定の要件」を満たす場合において空き家譲渡の特例の適用が認められます（措法35⑤）。

2　一定の要件

上記の「特定事由」については事例3－1と3－2の説明を参照してください。ここでは、「一定の要件」（措令23⑨）について、老人ホーム入所等のケースに沿って触れます。

① 特定事由により被相続人の居住の用に供されていた家屋が被相続人の居住の用に供されなくなった時から相続の開始の直前まで引き続き被相続人の当該家屋が被相続人の物品の保管その他の用に供されていたこと。

② 特定事由により被相続人の居住の用に供されていた家屋が被相続人の居住の用に供されなくなった時から相続の開始の直前まで当該被相続人の当該家屋が事業の用、貸付けの用又は被相続人以外の者の居住の用に供されていたことがないこと。

③ 被相続人が老人ホーム等に入居又は入所をした時から相続の開始の直前までの間において被相続人の居住の用に供する家屋が二以上ある場合には、これらの家屋のうち、この住居又は施設が、被相続人が主としてその居住の用に供していた一の家屋に該当するものであること。

3　相続開始直前における被相続人の居住（生活の拠点）に関する検討

本事例において、被相続人が特別養護老人ホームに入所したことで、まず、被相続人の生活の拠点が旧自宅から老人ホームに移転したことになります。そして、その後、病院に入院するとともに、生活の拠点であった老人ホームを退所しています。このため、病院に入院中であった被相続人の生活の拠点は相続開始直前にはどこであったのか、という点に関する検討が必要になってきます。

まず、病院は、居住の用に供せない（生活の拠点にはなり得ない）場所であることは明らかであると考えます。そこで、旧自宅が、その生活の拠点になっていたという議論・判断があり得るのではないかとも思われます。しかしながら、相続開始直前に被相続人の居住の用に供されていない場合でも本特例が可能となるケースは、「特定事由」及び「一定の要件」を充足している場合に限られており、本事例のように、相続開始直前における被相続人に係る生活の拠点が他にない場合において、旧自宅を生活の拠点と判断することまでが認容されているわけではないため、本特例の適用はできないと考えられます。

4　判　断

老人ホーム入所等に関する特定事由及び一定要件を満たさないことから、この特例の適用を受けることができません。

なお、本事例において、特別養護老人ホームを退所しないで、退院後再度同じ特別養護老人ホームに戻ることができる状態であれば、病院の入院は一時的なものであり被相続人の生活の拠点が依然老人ホームであるものとして本特例の適用が受けられると考えられます。

（山岡　美樹）

3－4　配偶者と一緒に老人ホーム等に入所した後に亡くなった場合

事　例	判　断
次の場合、私は相続空き家譲渡の特例の適用を受けることができるでしょうか。 ①　私は、昨年３月に亡くなった父が、母と二人で住んでいた家屋とその敷地を父から相続により全部取得した。 ②　両親とも要介護の認定を受けており、父が亡くなる１年ほど前に両親共に老人ホームに入所していた。 ③　入所後家屋は未使用で両親が使用していた家財道具はそのままにしていたが、父が亡くなった後、家屋を取り壊して本年11月に売却した。	×

POINT

1　相続の開始の直前において特定事由により被相続人の居住の用に供されていなかった場合

相続空き家譲渡の特例は、相続開始の直前において被相続人一人だけの居住の用に供されていた家屋であること及び相続開始の直前においてこの家屋の敷地の用に供されていた土地又は土地の上に存する権利であることが要件の一つになっています。

一方、生活上介護等が必要であることなどの理由により老人ホーム等に入所し、相続開始の直前には自宅が空き家になっている場合の取扱いは事例３－１などで説明したとおりです。

2　特例の対象となる建物及びその敷地の範囲

本特例の対象となる家屋及びその敷地の範囲は、次のとおりです（措法35⑤)。

（1）　被相続人居住用家屋

事例3－1の「2」で触れた特定事由により、その家屋が被相続人の居住の用に供されなくなる直前において、被相続人の居住の用に供されていた家屋（次の①から③までの要件を満たすものに限ります。）であって、被相続人が主としてその居住の用に供していたと認められる一の建築物に限ることとされています（措法35⑤、措令23⑧)。

①　昭和56年5月31日以前に建築されたこと。

②　建物の区分所有に関する法律1条の規定に該当する建物（区分所有建物）でないこと。

③　特定事由により家屋が被相続人の居住の用に供されなくなる直前においてその被相続人以外に居住をしていた者がいなかったこと。

（2）　被相続人居住用家屋の敷地等

特定事由により家屋が被相続人の居住の用に供されなくなる直前において上記(1)の被相続人居住用家屋の敷地の用に供されていた土地又はその土地の上に存する権利とされています。

（3）　一人住まいの判定時期

被相続人が老人ホームに入所していたケースについては、その家屋が被相続人の一人住まいであったかどうかという点は、上記(1)の③によって判定します。

この事例では、父（被相続人）が老人ホームに入所する直前まで母と一緒にその家屋に住んでいたことから、老人ホーム入所直前において一人住まいであったことの要件に抵触することになります。

3　判　断

本事例は、被相続人の自宅であった家屋が、要介護の認定を受けていた被相続人が「特定事由」により、相続の開始の直前において被相続人の居住の用に供されていなかったものです。しかしながら、特定事由により家屋が被相続人の居住の用に供されなくなる直前においてその被相続人以外に居住をしていた配偶者がいることから、上記2の被相続人居住用家屋及び被相続人居住用家屋の敷地等に該当しないので、本特例の適用を受けることができません（注）。

（注）　この事例のようなケースに関して他の特例の適用関係にも触れておきます（このようなケースは、本特例だけの問題にとどまりません。）。

（1）　相続税の小規模宅地等の課税特例（措法69の4）の特定居住用宅地等の適用に関して、国税庁HPに掲載されている文書回答事例「老人ホームに入居中に自宅を相続した場合の小規模宅地等についての相続税の課税価格の計算の特例（租税特別措置法第69条の4）の適用について」は、所有者として居住していたことを同特例は求めていないことを理由として、その適用を認容しています。

【照会事例：時系列】

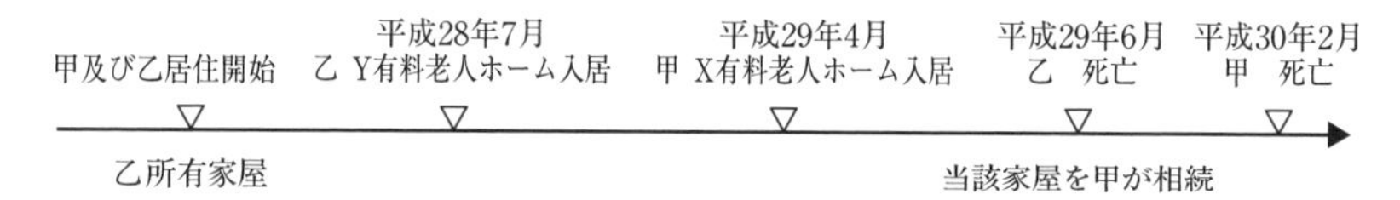

（2）　本人居住用財産の譲渡所得の3,000万円控除の特例に関する最高裁平成元年3月28日判決（上告棄却）（判時1309・76）は、（本人）居住用財産の3,000万円控除の適用について、「……当該個人自身が所有者として当該家屋を居住の用に供していたこと」が必要と判示しています。

その事案の概要は、夫婦が居住していた家屋からX_0年4月頃一緒に転居して、X_1年5月の夫の相続開始により、妻がその家屋を取得し（相続し）、その後、妻が、X_2年12月に対象家屋（同敷地）を売却したというケースです。

（山岡　美樹）

４　被相続人居住用家屋及び敷地等の要件

４－１　昭和56年５月31日以前に建築された家屋がその後増築されていた場合

事　例	判　断
次の場合、私は相続空き家譲渡の特例の適用を受けることができるでしょうか。 ①　私は、昨年３月に亡くなった父が一人で住んでいた家屋（昭和56年５月31日以前建築）とその敷地（200m²）を相続により全部取得した。 ②　父は、その家屋と敷地を昭和60年に中古で購入し、その後、子供部屋が必要となったため、昭和62年に家屋の増築を行っていた。 ③　私は、相続後、その家屋を取り壊して、その敷地を本年11月に売却した。	○

POINT

１　被相続人居住用家屋及び被相続人居住用家屋の敷地等

相続空き家譲渡の特例の対象となる相続により取得をした「被相続人居住用家屋」及び「被相続人居住用家屋の敷地等」の意義は、次のとおりとされています（措法35⑤）。

（１）　被相続人居住用家屋

相続開始の直前において被相続人の居住の用に供されていた次の①から③までの要件を満たす家屋で、被相続人が主としてその居住の用に供していたと認められる一の建築物です（措法35⑤、措令23⑩）。

①　昭和56年5月31日以前に建築されたこと。
②　建物の区分所有等に関する法律1条の規定に該当する建物（区分所有建物）でないこと。
③　相続の開始の直前において被相続人以外に居住をしていた者がいなかったこと。

（2）　被相続人居住用家屋の敷地等

相続開始の直前において上記（1）の被相続人居住用家屋の敷地の用に供されていたと認められる土地又はその土地の上に存する権利とされています。この場合において、その相続の開始の直前においてその土地が用途上不可分の関係にある2以上の建築物のある一団の土地であった場合には、その土地又はその土地の上に存する権利のうち、その相続開始の直前におけるその土地にあった被相続人居住用家屋の床面積に対応する部分に限られます（措法35⑤、措令23⑪、措通35－13）。

そこで、用途上不可分の関係にある2以上の建築物とは、例えばどのようなものをいうかが問題となります。

2　用途上不可分の関係にある2以上の建築物

用途上不可分の関係にある2以上の建築物とは、例えば、母屋とこれに附属する離れ、倉庫、蔵、車庫のように、一定の共通の用途に供せられる複数の建築物であって、これを分離するとその用途の実現が困難となるような関係にあるものをいいます（措通35－14）。

3　判　断

本事例において、被相続人居住用家屋は昭和56年5月31日以前に建築されていることから、上記1（1）①の要件を満たしています。すなわち、子供部屋としての増築部分は、①の要件に包含され、その建築物が昭和56年5月31日以前に建築されたという範疇にあると捉えることになると考えます。

　また、敷地については、増築した子供部屋は離れのような別の建築物ではなく、用途上不可分の関係にある２以上の建築物のある一団の土地に該当しないことから、売却した敷地200m^2全部について本特例の適用を受けることができます。

（山岡　美樹）

4－2　被相続人居住用家屋が未登記である場合

事　例	判　断
次の場合、私は相続空き家譲渡の特例の適用を受けることができるでしょうか。 ①　私は、昨年3月に亡くなった父が一人で住んでいた家屋とその敷地を相続により全部取得した。 ②　その家屋については、未登記であった。 ③　その家屋は取り壊して、本年11月に敷地を売却した。 ④　その家屋を私が取得する旨の遺産分割協議書は作成している。	△

POINT

1　確定申告書に添付する書類

被相続人居住用家屋の全部の取壊し若しくは除却をした後又はその全部が滅失をした後における相続により取得をした被相続人居住用家屋の敷地の譲渡を行った場合における所得税の申告書に添付する書類は次のとおりです（措法35⑫、措規18の２②二ロ）。

①　対象譲渡による譲渡所得の金額の計算に関する明細書

②　被相続人居住用家屋及び被相続人居住用家屋の敷地等の登記事項証明書その他の書類で次に掲げる事項を明らかにするもの

㋐　当該対象譲渡をした者が当該被相続人居住用家屋及び当該被相続人居住用家屋の敷地等を被相続人から相続等により取得したこと。

㋑　被相続人居住用家屋が昭和56年５月31日以前に建築されたこと。

㋒　被相続人居住用家屋が建物の区分所有等に関する法律1条の規定に該当する建物でないこと。

③　当該対象譲渡をした被相続人居住用家屋の敷地等の所在地の市町村長又は特別区の区長が被相続人がその被相続人居住用家屋の敷地等に係る被相続人居住用家屋を居住の用に供しており、かつ、当該被相続人居住用家屋に当該被相続人以外に居住をしていた者がいなかったことなどを確認した旨を記載した書類

④　対象譲渡をした被相続人居住用家屋の敷地等に係る売買契約書の写しその他の書類で、当該被相続人居住用家屋の敷地等の譲渡に係る対価の額が1億円以下であることを明らかにする書類

家屋が未登記である場合には、上記②の登記事項証明書が添付できないこととなります。

2　登記事項証明書が添付できない場合

譲渡した資産が、上記1②の要件に該当することについて、登記事項証明書で証明することができない場合には、例えば、次に掲げる書類でこの要件に該当するものであることを明らかにするものを確定申告書に添付した場合には、本特例の適用を受けることができます（措通35−26）。

①　遺産分割協議書

②　確認済証（昭和56年5月31日以前に交付されたもの）、検査済証（当該検査済証に記載された確認済証交付年月日が昭和56年5月31日以前であるもの）、建築に関する請負契約書

③　固定資産課税台帳の写し

3　判　断

本事例においては、遺産分割協議書があることから上記1②㋐の要

件については証明することができます。

しかし、上記２②及び③の証明ができる書類が添付できない場合には、上記１②㋑㋒の要件について証明できないので本特例の適用を受けることができないことから、固定資産税の納税通知書又は固定資産税の評価証明書で、この点を補足する必要があります。

（山岡　美樹）

4－3　区分所有登記がされている場合

事　例	判　断
次の場合、私は相続空き家譲渡の特例の適用を受けることができるでしょうか。 ①　私は、昨年3月に亡くなった父が一人で住んでいた家屋とその敷地を相続により全部取得した。 ②　その家屋は、二世帯住宅で、区分所有登記がされており、1階部分は父の所有で父が住み、2階部分は私の所有で私が家族と住んでいた。 　なお、敷地は全て父のもので、私は使用貸借により借り受けていた。 ③　私は、この家屋を相続により取得後、家屋の取壊し直前まで居住し、その後、敷地を全て売却した。	✕

POINT

1　被相続人居住用家屋及び被相続人居住用家屋の敷地等

本特例の対象となる被相続人居住用家屋の要件（措法35⑤）は、事例4－1で説明したとおりであり、その一つの要件として「建物の区分所有等に関する法律1条の規定に該当する建物」に該当しないことが求められています。

なお、被相続人居住用家屋の敷地等の要件（措法35⑤）についても事例4－1において説明したとおりです。

2　建物の区分所有等に関する法律1条の規定に該当する建物

上記「建物の区分所有等に関する法律1条の規定に該当する建物」

は、一棟の建物に構造上区分された数個の部分をその独立した部分ごとに所有権の目的とすることができる建物をいいますが、構造上区分所有し得る建物であることのみをもって区分所有建物に該当するのではなく、区分所有建物である旨の登記がされている建物が該当することとなります（措通35−11）。

３　判　断

本事例においては、区分所有登記がされている建物であることから、被相続人居住用家屋に該当しません。したがって、その敷地も被相続人居住用家屋の敷地等に該当しないので相続空き家譲渡の特例の適用を受けることはできません。

一方、あなたは自ら居住の用に供していた家屋の敷地を相続により取得しており、売却した敷地のうち、あなたが居住の用に供していた部分については、租税特別措置法35条２項が規定する本人居住用財産の譲渡に該当しますので、この規定による居住用財産の譲渡所得の特別控除の適用を受けることができます。

（山岡　美樹）

4－4　敷地上に用途上不可分の建築物がある場合

事　例	判　断
次の場合、私は相続空き家譲渡の特例の適用を受けることができるでしょうか。 ①　私は、昨年3月に亡くなった父が一人で住んでいた家屋とその敷地を相続により全部取得した。 ②　家屋の登記を確認したところ、2階建で地下1階部分の車庫が附属建物として登記されていた。 ③　その家屋を取り壊して本年11月にその敷地を売却した。 ④　売却した敷地全体に、本特例の適用があるとして申告を行う予定である。	✕

POINT

1　被相続人居住用家屋の敷地等

本特例の対象となる被相続人居住用家屋の敷地等とは、相続の開始の直前において被相続人居住用家屋の敷地の用に供されていた土地又は土地の上に存する権利をいいます（措法35⑤）。

この場合において、相続の開始の直前において土地が用途上不可分の関係にある2以上の建築物のある一団の土地である場合には、この土地のうち、次の算式により計算した面積に係る土地の部分に限られます（措令23⑩⑪、措通35－13）。

$$A \times \frac{B}{B + C} \times \frac{D}{A}$$

A：一団の土地の面積

B：相続の開始の直前における一団の土地にあった被相続人居住用家

屋の床面積

C：相続の開始の直前における一団の土地にあった被相続人居住用家屋以外の建築物の床面積

D：譲渡した土地等の面積

ここで、用途上不可分の関係にある２以上の建築物とは何かが問題となります。

2　用途上不可分の関係にある２以上の建築物

この用途上不可分の関係にある２以上の建築物とは、母屋とこれに附属する離れ、倉庫、蔵、車庫のように、一定の共通の用途に供せられる複数の建築物であって、これを分離するとその用途の実現が困難となるような関係にあるものをいいます。

租税特別措置法施行令23条10項に規定する「被相続人が主としてその居住の用に供していたと認められる一の建築物」と他の建築物とが用途上不可分の関係にあるかどうかは、社会通念に従い、相続の開始の直前における現況において判定します。この場合において、これらの建築物の所有者が同一であるかどうかは問わないこととされています（措通35－14）。

3　判　断

本事例においては、一棟の建物のうち地上２階建部分の母屋と附属する地下の車庫が居住の用に供せられていることから、本事例の敷地は、相続の開始の直前において土地が用途上不可分の関係にある２以上の建築物のある一団の土地に該当します。

したがって、本特例を受けることができるのは上記１の算式により計算した面積に係る土地の部分に限られるので、売却した敷地全体に、本特例の適用があるとして申告を行うことはできません。

（山岡　美樹）

4－5　複数の者が所有する敷地上に用途上不可分の建築物がある場合

事　例	判　断
次の場合、私は相続空き家譲渡の特例の適用を受けることができるでしょうか。 ①　私は、昨年３月に亡くなった父が一人で住んでいた家屋とその敷地（敷地面積300m²）の父の持分２分の１を相続により全部取得した（いずれも私と父との持分２分の１ずつによる共有であった。）。 ②　家屋の登記を確認したところ、２階建（１・２階の合計床面積120m²）で地下１階部分の車庫（30m²）が附属建物として登記されていた。 ③　その家屋を取り壊して、本年11月にその敷地全部を売却した。 ④　売却した敷地のうち相続により取得した150m²全部に本特例を適用して申告を行う予定である。	× （一部（120m²）については○）

POINT

1　被相続人居住用家屋の敷地等

この事例は、家屋と敷地が被相続人とあなたとの２分の１ずつの共有になっている点が事例４－４と異なりますが、相続空き家譲渡の特例の対象となる被相続人居住用家屋の敷地等の捉え方は、事例４－４と同じです。

そして、相続の開始の直前において土地が用途上不可分の関係にある２以上の建築物のある一団の土地であった場合には、この土地のうち、事例4－4に記載した算式により計算した面積に係る土地の部分に、その適用が限られます（措令23⑩⑪、措通35－13）。

なお、用途上不可分の関係にある2以上の建築物の意義についても事例4－4の解説を参照してください（建築物の所有者が同一であるかどうかは問わないこととなっている点に注意してください（措通35－14）。）。

2　被相続人居住用家屋の敷地等に該当する部分の面積

本事例において、A300m²、B120m²、C30m²、D150m²であることから（注）、被相続人居住用家屋の敷地等に該当する部分の面積は、120m²となります。

$$300\text{m}^2 \times \frac{120\text{m}^2}{120\text{m}^2 + 30\text{m}^2} \times \frac{150\text{m}^2}{300\text{m}^2}$$

（注）　A：一団の土地の面積【譲渡した土地全体の面積】
　B：相続の開始の直前における一団の土地にあった被相続人居住用家屋の床面積
　C：相続の開始の直前における一団の土地にあった被相続人居住用家屋以外の建築物の床面積
　D：譲渡した土地等の面積【父の持分相当の面積】

3　判　断

本事例においては、一棟の建物のうち地上2階建部分の母屋と附属する地下の車庫が居住の用に供せられていますが、本特例を受けられるのは上記2により計算した面積に係る土地の部分120m²に限られ、売却した敷地のうち相続により取得した敷地部分全部（150m²）に本特例の適用があるとして申告を行うことはできません。

（山岡　美樹）

4－6　複数の相続人が用途上不可分の建築物がある敷地を取得する場合

事　例	判　断
次の場合、私は相続空き家譲渡の特例の適用を受けることができるでしょうか。 ①　私と妹は、昨年３月に亡くなった父が一人で住んでいた家屋とその敷地（敷地面積300m²）を相続により、私が３分の２を、妹が３分の１を取得した。 ②　家屋の登記を確認したところ、２階建（１・２階の合計床面積120m²）で地下１階部分の車庫（30m²）が附属建物として登記されていた。 ③　その家屋を取り壊して本年11月に敷地を売却した。 ④　売却した敷地のうち、私は持分の200m²を、妹も持分の100m²を、この特例の適用があるとして申告を行う予定である。	× （あなたは160m²、妹は80m²について○）

POINT

1　被相続人居住用家屋の敷地等

この事例において、事例４－４や４－５と異なるのは、複数の相続人（あなたと妹の２人）によって家屋と敷地が取得された点です。とはいえ、相続空き家譲渡の特例の対象となる被相続人居住用家屋の敷地等の捉え方は、事例４－４などと同じです。

そして、相続の開始の直前において土地が用途上不可分の関係にある２以上の建築物のある一団の土地であった場合には、この土地のうち、事例４－４に記載した算式により計算した面積に係る土地の部分に、その適用が限られます（措令23⑩⑪、措通35－13）。

なお、用途上不可分の関係にある２以上の建築物とは何かについては、事例４－４の解説を参照してください。

２　被相続人居住用家屋の敷地等に該当する部分の面積

本事例において、A300m²、B120m²、C30m²、D（あなたは200m²、妹は100m²）であることから、あなたと妹のそれぞれの被相続人居住用家屋の敷地等に該当する部分の面積は次のとおりとなります。

（１）　あなたが譲渡した土地200m²のうち被相続人居住用家屋の敷地等に該当する部分の面積：160m²

$$300m^2 \times \frac{120m^2}{120m^2 + 30m^2} \times \frac{200m^2}{300m^2}$$

（２）　妹が譲渡した土地100m²のうち被相続人居住用家屋の敷地等に該当する部分の面積：80m²

$$300m^2 \times \frac{120m^2}{120m^2 + 30m^2} \times \frac{100m^2}{300m^2}$$

（注）　A：一団の土地の面積【譲渡した土地全体の面積】

B：相続の開始の直前における一団の土地にあった被相続人居住用家屋の床面積

C：相続の開始の直前における一団の土地にあった被相続人居住用家屋以外の建築物の床面積

D：譲渡した土地等の面積【あなた200m²、妹100m²】

３　判　断

本事例においては、一棟の建物のうち地上２階建部分の母屋と附属する地下の車庫が居住の用に供せられていることから、本特例を受けられるのは上記２により計算した面積に係る土地の部分に限られてきます。

その結果、あなたについては160m^2、妹については80m^{2}に限り本特例の適用があり、お二人がそれぞれ相続により取得した敷地持分全体に本特例の適用を受けるとして申告を行うことはできません。

（山岡　美樹）

4－7　同一の敷地内に明確に区分できる居住用以外の敷地がある場合

事　例	判　断
次の場合、私は相続空き家譲渡の特例の適用を受けることができるでしょうか。 ①　私は、昨年3月に亡くなった父が一人で住んでいた家屋とその敷地を相続により全部取得した。 ②　父は要介護の認定を受けており、亡くなる1年ほど前に特別養護老人ホームに入所していた。 ③　敷地の一部はコインパーキング用の敷地として利用していたが、老人ホーム入所直後にコインパーキングの施設は撤去した。 ④　その家屋を取り壊して本年11月に敷地を売却した。 ⑤　老人ホーム入所直後にコインパーキングの施設は撤去しており、また、特定事由により父が住んでいた家屋は、父の居住の用に供されなくなった時から相続の開始の直前まで事業の用などに供されていたことがないことから、売却した敷地全体に、本特例の適用があるとして申告を行う予定である。	 （元コインパーキング以外の居住用部分は○）

POINT

1　相続の開始の直前において特定事由により被相続人の居住の用に供されていない場合

相続空き家譲渡の特例は、相続の開始の直前において、その相続に係る被相続人の居住の用に供されていた家屋であること及び相続の開始の直前においてこの家屋の敷地の用に供されていた土地又は土地の上に存する権利であることが要件とされています。

しかし、生活上介護等が必要であることなどの理由により、自宅ではなく老人ホーム等に入所し相続の開始の直前には自宅が空き家になっている場合もあることから、このような「特定事由」により相続の開始の直前に自宅が空き家となり被相続人の居住の用に供されていなかった「一定の要件」を満たす場合において本特例の適用が認められます（「特定事由」などの要件については、事例３－１を参照してください。）。

2　被相続人居住用家屋の敷地等の判定等

譲渡した土地等が「当該被相続人居住用家屋の敷地の用に供されていた土地」又は「当該土地の上に存する権利」に該当するかどうかは、社会通念に従い、土地等が相続の開始の直前において被相続人居住用家屋と一体として利用されていた土地等であったかどうかにより判定することとされています。

そして、その土地が特定事由により居住の用に供されなくなる直前の被相続人の居住の用に供されていた家屋の敷地である場合には、特定事由によりその家屋が被相続人の居住の用に供されなくなる直前において被相続人居住用家屋と一体として利用されていた土地等であったかどうかにより判定することとされています（措法35⑤、措通35－13）。

3　判　断

本事例においては、老人ホーム入所直後にコインパーキングの施設は撤去されていますが、被相続人居住用家屋の敷地等に該当するか否かの判定は、上記２のとおり、この事例の敷地が、特定事由により家屋が被相続人の居住の用に供されなくなる直前において被相続人居住用家屋と一体として利用されていた土地等であったかどうかにより判定することになります。

この事例では、コインパーキング用の敷地として利用していた部分は被相続人居住用家屋と一体として利用されていなかったことから、この敷地部分には本特例の適用を受けることはできません。ただし、それ以外の被相続人の居住用部分については、適用が可能です。

（山岡　美樹）

４－８　被相続人が店舗兼住宅として使用していた家屋とその敷地を売却する場合

事　例	判　断
次の場合、私は相続空き家譲渡の特例の適用を受けることができるでしょうか。 ①　私は、昨年３月に亡くなった父が一人で店舗兼住宅として使用していた家屋とその敷地を相続により全部取得した。 ②　私は、父の事業を承継しないことから家屋を取り壊して本年11月に敷地を売却した。 ③　父が住んでいた部分に相続空き家譲渡の特例の適用を受けることとした。	○

POINT

１　居住用部分と非居住用部分がある場合の相続空き家譲渡の特例の適用

相続空き家譲渡の特例の適用に当たっては、相続の開始の直前において被相続人の居住の用に供されていた部分のみが被相続人居住用家屋又は被相続人居住用家屋の敷地等に該当するものとされています（措令23④⑤）。

相続の開始の直前において被相続人の居住の用に供されていなかった部分は、被相続人居住用家屋又は被相続人居住用家屋の敷地等に該当しないことからこの特例の適用対象とはなりません。

そこで、被相続人居住用家屋が店舗兼住宅等であった場合の居住用部分の判定が問題となります。

２　被相続人居住用家屋が店舗兼住宅等であった場合の居住用部分の判定

被相続人居住用家屋、被相続人居住用家屋の敷地等のうちに非居住用部分がある場合における「被相続人の居住の用に供されていた部分」の判定は、相続の開始の直前における利用状況に基づき、下記の算式により判定します（措通35－15・31の３－７）。

（1）　家屋のうちその居住の用に供している部分は、次の算式により計算した面積に相当する部分となります。

$$\text{家屋のうちその居住の用に専ら供している部分の床面積A} + \text{家屋のうちその居住の用と居住の用以外の用とに併用されている部分の床面積} \times \frac{\text{A}}{\text{A} + \text{居住の用以外の用に専ら供されている部分の床面積}}$$

（2）　土地等のうちその居住の用に供している部分は、次の算式により計算した面積に相当する部分となります。

$$\text{土地等のうちその居住の用に専ら供している部分の面積} + \text{土地等のうちその居住の用と居住の用以外の用とに併用されている部分の面積} \times \frac{\text{家屋の床面積のうち（1）の算式により計算した床面積}}{\text{家屋の床面積}}$$

３　判　断

居住用部分については、相続空き家譲渡の特例の適用を受けることができます。一方、店舗部分については、この特例の適用は受けられません。なお、あなたの父の相続税に関して相続税額がある場合、店舗部分については、相続税の取得費加算の特例を受けることができますので事例９－２を参照してください。

（山岡　美樹）

4－9　店舗兼住宅として使用していた家屋の店舗部分として使用していた面積が狭小であった場合

事　例	判　断
次の場合、私は相続空き家譲渡の特例の適用を受けることができるでしょうか。 ①　私は、昨年3月に亡くなった父が一人で店舗兼住宅として使用していた家屋とその敷地（300m²のうち、居住用部分275m²、店舗部分25m²）を相続により全部取得した。 ②　私は、相続した家屋（床面積240m²）のうち、店舗部分が狭小（床面積20m²）であり事業継続も困難であることから、この家屋を取り壊して本年11月に敷地を売却した。 ③　家屋・土地ともに、その居住の用と店舗の用以外の用途に供されていた部分はない。 ④　相続により取得した敷地300m²全てに相続空き家譲渡の特例の適用を受けることとした。	○

POINT

1　被相続人居住用家屋が店舗兼住宅等であった場合の居住用部分の判定

被相続人居住用家屋、被相続人居住用家屋の敷地等のうちに非居住用部分がある場合における「被相続人の居住の用に供されていた部分」の判定は、相続の開始の直前における利用状況に基づき、次の算式により判定します（措通35－15・31の3－7）。

（1）　家屋のうちその居住の用に供している部分は、次の算式により計算した面積に相当する部分となります。

$$\text{家屋のうちその居住の用に専ら供している部分の床面積A} + \text{家屋のうちその居住の用と居住の用以外の用とに併用されている部分の床面積} \times \frac{\text{A}}{\text{A} + \text{居住の用以外の用に専ら供されている部分の床面積}}$$

（2）　土地等のうちその居住の用に供している部分は、次の算式により計算した面積に相当する部分となります。

$$\text{土地等のうちその居住の用に専ら供している部分の面積} + \text{土地等のうちその居住の用と居住の用以外の用とに併用されている部分の面積} \times \frac{\text{家屋の床面積のうち（1）の算式により計算した床面積}}{\text{家屋の床面積}}$$

これにより計算した「被相続人の居住の用に供されていた部分」の面積が被相続人居住用家屋又は当該被相続人居住用家屋の敷地等の面積のおおむね90％以上となるときは、家屋又は土地等の全部がその居住の用に供している部分に該当するものとして取り扱って差し支えないこととされています（措通35−15・31の3−8）。

2　家屋とその敷地のうち居住の用に供している部分の計算

本事例について、上記の算式により計算すると次のとおりです。

（1）　家屋のうちその居住の用に供している部分の面積の計算

$$220\text{m}^2 + 0\,\text{m}^2 \times \frac{220\text{m}^2}{220\text{m}^2 + 20\text{m}^2}$$

被相続人の居住の用に供されていた部分の面積は220m^2となり、被相続人居住用家屋の面積240m^2の91％となります。

（2）　土地等のうちその居住の用に供している部分の面積の計算

$$275\text{m}^2 + 0\,\text{m}^2 \times \frac{220\text{m}^2}{240\text{m}^2}$$

被相続人の居住の用に供されていた部分の面積は275m^2となり、被相続人居住用家屋の敷地面積300m^2の91％となります。

3　判　断

被相続人の居住の用に供されていた部分の面積が被相続人居住用家屋の敷地等の面積のおおむね90％以上となることから、土地の全部がその居住の用に供している部分に該当するものとして取り扱って差し支えないこととなり、相続により取得した敷地300m^2全てに相続空き家譲渡の特例の適用を受けることができます。

（山岡　美樹）

4－10　相続開始前に家屋を取り壊した場合

事　例	判　断
次の場合、私は相続空き家譲渡の特例の適用を受けることができるでしょうか。 ①　母は父が他界した後、母所有の実家に一人で住んでいたが、老人ホームに入ったことを機に売却を検討し、家屋を取り壊して更地としていた。 ②　その後、売却活動をしていたが結局売却できず、昨年５月に母は他界した。この土地は長男である私が相続し、その後、ほどなくして買い手が見つかり、売買契約を締結した。	✕

〈家屋の取壊し時期〉

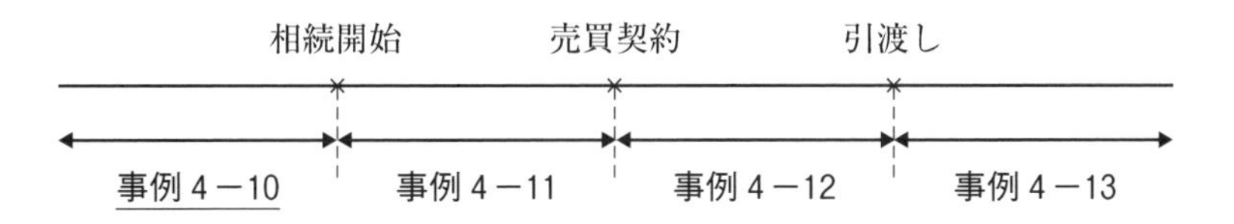

POINT

1　相続開始前に家屋を取り壊した場合の適用の可否

相続空き家譲渡の特例は、租税特別措置法35条３項柱書において、「相続又は遺贈による被相続人居住用家屋及び被相続人居住用家屋の敷地等の取得をした相続人が、……」と規定されています。

よって、本事例に置き換えると、相続開始前に母が家屋を取り壊し、更地の状態で売却活動を行っていたことから、相続人であるあなたは被相続人居住用家屋をそもそも相続していませんので、この特例の適用を受けることはできません。

もっとも、相続開始前に母が売却先を見つけて売買契約を締結できていた場合、その売買契約が家屋を取り壊した日から1年以内に締結され、かつ、母が老人ホームに入所した日（自宅から転居した日）から3年を経過する日の属する年の12月31日までに締結されていた場合には、母の所得税の準確定申告において、当該売買契約に基づいて同条2項における本人（自己の）居住用財産の特別控除の適用を受けることはできます（措通35－2）。

2　判　断

相続開始前に被相続人が家屋を取り壊していた場合、相続人は「被相続人居住用家屋」を相続することはできないため、本特例の適用を受けることはできません。

（分銅　雅一）

4－11　売買契約締結前に家屋を取り壊した場合

事　例	判　断
次の場合、私は相続空き家譲渡の特例の適用を受けることができるでしょうか。 ①　母は父が他界した後、母所有の実家に一人で住んでいたが、昨年5月に亡くなった。 ②　その後、相続人である私は実家を売却することとしたが、実家の家屋が大変古く災害などの危険に備えて取り壊して更地の状態で売却活動を開始した。 ③　更地にしてから既に1年半近く経過していたが、ようやく買い手が見つかり、当該実家の土地について売買契約を締結した。	○

〈家屋の取壊し時期〉

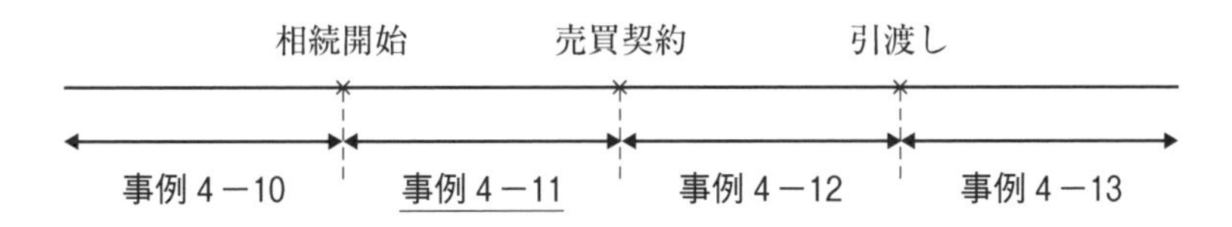

POINT

1　売買契約締結前に家屋を取り壊した場合の適用の可否

相続空き家譲渡の特例は、租税特別措置法35条3項柱書において、「相続又は遺贈による被相続人居住用家屋及び被相続人居住用家屋の敷地等の取得をした相続人が、……」と規定されています。よって、本事例に置き換えると、相続開始時点においては被相続人居住用家屋が存在し、それをあなたが相続し、その後に家屋を取り壊し更地として売却したことになります。ここで、同条2項の本人（自己の）居住用財産の特別控除に関する取扱いとの違いに注意が必要です。

本人（自己の）居住用財産に関する租税特別措置法関係通達35－2《居住用土地等のみの譲渡》は、「当該土地等の譲渡に関する契約が、その家屋を取り壊した日から1年以内に締結され、かつ、その家屋を居住の用に供されなくなった日以後3年を経過する日の属する年の12月31日までに譲渡したものであること」とされています。したがって、本人居住用財産の特別控除の適用に当たっては、家屋を取り壊してから1年以内に売買契約が締結されている必要があります。

一方、被相続人居住用財産の譲渡に関する租税特別措置法関係通達には、このような定めはなく、相続空き家譲渡の特例には、家屋の取壊し後1年以内の売買契約の締結という制限は適用されません。すなわち、本特例は、相続開始後、㋐譲渡時まで、あるいは、㋑譲渡の時から譲渡の日の属する年の翌年2月15日までに家屋の取壊しが行われていれば、その適用が可能です（措法35③二・三）。

2　判　断

売買契約締結前に相続人が家屋を取り壊し、その取壊しから1年を過ぎてから売買契約が締結されていたとしても、相続空き家譲渡の特例は適用することができます（当然、相続開始日から3年を経過する日の属する年の12月31日までに譲渡することなどの要件による制約はあります。）。

（分銅　雅一）

4－12　引渡し前に家屋を取り壊した場合

事　例	判　断
次の場合、私は相続空き家譲渡の特例の適用を受けることができるでしょうか。 ①　母は父が他界した後、母所有の実家に一人で住んでいたが、昨年5月に亡くなった。 ②　その後、相続人である私は実家を売却することとし、ほどなくして売買契約を締結した。 ③　売買契約締結後に、当該家屋を買主の負担で取り壊し、更地にしてから引き渡した。	△

〈家屋の取壊し時期〉

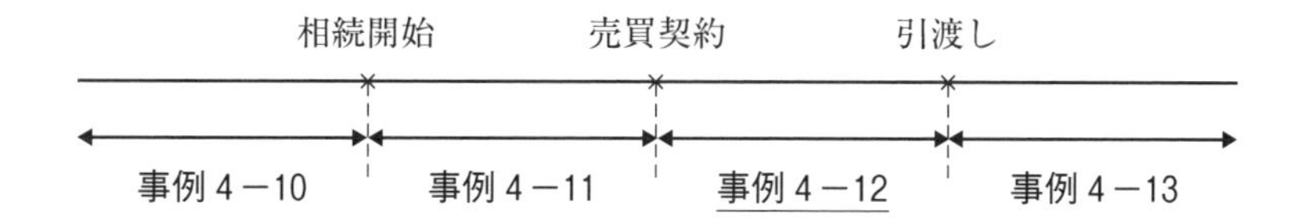

POINT

1　引渡し前に家屋を取り壊した場合の適用の可否

相続空き家譲渡の特例は、㋐旧耐震基準の家屋について耐震補強（所定のリフォーム）を行い、その家屋と敷地として譲渡をするか、㋑家屋を取り壊して更地の状態にして土地のみを譲渡するかのどちらかの譲渡が適用対象になっています。本事例は、後者による譲渡の事例です（注）。

（注）　令和５年度税制改正により、令和６年１月１日以降の譲渡については、譲渡後の特定期間中に家屋を取り壊した場合であっても、一定の

要件を満たす場合には特例の適用ができるようになりました（事例4―13を参照してください。）。

本事例は、売買契約締結後に家屋を取り壊し土地のみを譲渡しています。不動産の売買において、売買契約締結時に物件を引き渡すことは少なく、引渡しまでに一定の期間を設けることがあります。この場合、本特例の適用要件である「家屋を取り壊して売却した」ことを判断するに当たり、どの時点で家屋を取り壊していることが必要かという点が問題となります。

この点について、所得税法は、譲渡所得の申告において、譲渡所得の収入すべき時期の原則は譲渡資産の引渡しの日とし、納税者の選択により契約の効力発生の日として申告した場合も認められます（所基通36―12）。ただし、譲渡所得の特例の適用に当たっては、申告した譲渡の時期において特例の適用要件を充足していることが必要になります。本事例の場合、引渡しの日を譲渡の時期として申告した場合には、譲渡の時点で家屋が取り壊されているので、本特例の適用の対象になります。しかし、契約の効力発生の日を譲渡の時期として申告した場合には、契約の締結時には建物を取り壊しておらず、現存する建物は耐震基準を満たしていませんので、本特例の適用要件を満たしていないことになります。このように、売買契約が年を跨ぐ場合、譲渡所得の申告の年分によって特例の適用ができない場合がありますので注意が必要です。

また、この事例で論点となるのは、当該取壊し費用の負担が買主の負担であっても本特例が適用できるかどうかについてとなります。本事例は引渡し前の家屋の取壊しですので、売主の所有状態のため売主負担で取り壊すのが一般的です。それでは買主が負担した場合には、本特例は適用できないのでしょうか。この点、特段どちらの負担で取壊しをすべきという規定は存在しません。よって、買主負担においても本特例は認められると考えられます。もっとも、買主負担とした場合には、解体費用相当額を譲渡価額から控除して契約するのが通例です。したがって、売主負担でも買主負担でも譲渡所得は大きくは異ならないことが一般的です。

2　判　断

本事例の場合、引渡しの日を譲渡があった日として申告した場合には、この特例の適用を受けることができます。また、引渡し前に家屋を取り壊した場合、その取壊し費用を売主が負担していても買主が負担していても、この特例は適用することができます（ただし、対価要件（1億円以下）との関係に注意が必要です。）。

（分銅　雅一）

４－13　引渡し後に家屋を取り壊した場合

事　例	判　断
次の場合、私は相続空き家譲渡の特例の適用を受けることができるでしょうか。 ①　母は父が他界した後、母所有の実家に一人で住んでいたが、昨年５月に亡くなった。 ②　その後、相続人である私は実家を売却することとし、ほどなくして売買契約を締結し現況のまま引き渡した。 ③　引渡し後、買主は当該家屋を買主の負担で取り壊した。	△

〈家屋の取壊し時期〉

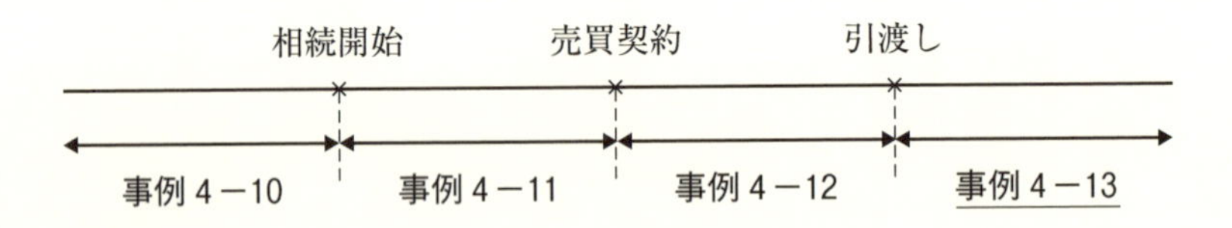

POINT

1　引渡し後に家屋を取り壊した場合の適用の可否

本事例では、相続開始時点においては被相続人居住用家屋が存在し、それをあなたが相続し、売買契約を締結し引渡しも完了した後に買主が家屋を取り壊して更地にしています。この引渡し後の家屋の取壊しについては、従来、相続空き家譲渡の特例の対象外でしたが、令和５年度税制改正によって新たに引渡し後の取壊しについても一定の要件を満たせば認められるようになりました（令和６年１月１日以降の譲渡に限ります。)。具体的には、租税特別措置法35条３項が改正されるとともに（同項柱書の改正及び同項３号の追加)、同法施行規則18条の２第２項２号ハ(３)（ⅱ）に次の規定が追加されました。

「当該対象譲渡の時から当該対象譲渡の日の属する年の翌年２月15日までの期間（(４)において「特定期間」という。）内に、当該被相続人居住用家屋が耐震基準に適合することとなったこと又は当該被相続人居住用家屋の全部の取壊し若しくは除却がされ、若しくはその全部が滅失をしたこと。」

したがって、引渡しが完了した後においても、その譲渡の日の属する年の翌年２月15日までに家屋の取壊しが完了していれば、本特例の適用を受けることができることとなります。そして、この取壊しについては売主負担や買主負担の定めはないため、買主が家屋を取り壊した場合も本特例を適用することができます。

２　判　断

引渡し後に家屋を取り壊した場合、その取壊し費用を売主が負担していても買主が負担していても、譲渡の日の属する年の翌年２月15日までに取壊しが完了していれば、相続空き家譲渡の特例は適用することができます（ただし、対価要件（１億円以下）との関係に注意が必要です。)。

なお、買主側で取壊しをする場合と買主側で耐震リフォームを行う場合の契約に関する特約の文例が国土交通省から示されていますので、国土交通省HP「「空き家の発生を抑制するための特例措置（空き家の譲渡所得の特別控除)」における特約等の例」(https://www.mlit.go.jp/jutakukentiku/house/content/001633561.pdf）を参照してください。

（分銅　雅一）

4－14　相続開始前に耐震基準に適合する家屋になっていた場合

事　例	判　断
この度、私が母から相続した家屋とその敷地を売却することになりましたが、次のように耐震基準適合のリフォームを相続開始前に行っている場合でも、相続空き家譲渡の特例を受けることができるのでしょうか。また、増築部分は、本特例の適用に関して別の取扱いになるのでしょうか。 ①　平成10年６月に中古の家（昭和50年３月に新築された物件）を父が購入して母と二人で居住。 ②　東日本大震災があったことが契機となり、平成24年５月に耐震基準に適合するように家の改築を行うとともに一部増築を行った。その際、耐震基準適合証明書を取得した。 ③　令和元年10月に父が亡くなり、母が家屋と敷地を全部相続した。 ④　母は、その後、令和６年８月に亡くなるまで、その家に一人で住んでいた。 ⑤　母の相続開始に伴い、私が、その家屋と敷地の全部を相続した。	○ (注)

(注)　譲渡の日前２年以内に調査が行われた耐震基準適合証明書などを改めて取得する必要があります。

POINT

1　リフォームの時期と増築部分に関する取扱い

相続空き家譲渡の特例の適用において、家屋を譲渡する場合は、その家屋が昭和56年５月31日以前に建築された家屋であり（措法35⑤一)、かつ、原則として（注)、譲渡の時までに所定の耐震基準に適合するリフォームが行われていることが必要です。

（注）　令和６年１月１日以降の譲渡については、その譲渡の時から、その譲渡の日が属する年の翌年２月15日までに（特定期間中に）耐震基準適合のリフォームを行った場合も、この要件を充足します（措法35③柱書かっこ書・三)（事例４－13参照)。

この耐震基準適合要件は、租税特別措置法35条３項１号ロに「当該譲渡の時において耐震基準に適合するものであること。」（傍点は筆者が付記）と規定されています。したがって、その譲渡の時に所定の耐震基準に適合していれば足り、耐震工事の時期が相続開始後に行われていることなどは求められていません。

このため、本事例のように、相続開始前のリフォーム工事によって所定の耐震基準に適合している場合であっても、譲渡の時において耐震基準適合要件を充足していることになります。

なお、増築部分に関しては、租税特別措置法35条３項１号柱書に「……当該被相続人居住用家屋につき行われた増築、改築（……)、修繕又は模様替（……）に係る部分を含む……」と規定されているので、本特例の適用対象になっています（注)。

（注）　このように家屋の増改築部分を本体部分と同じ扱いとする点は、租税特別措置法関係通達31・32共－６《改良、改造等があった土地建物等の所有期間の判定》における取得時期の判定と同じ扱いになっています（ただし、取得時期に関する通達での用語は、改良、改造等の用語により定められています。)。

2　添付書類に関する要件

本特例を適用するためには、所得税の申告書に一定の書類を添付することが必要です（措法35⑫）。この点、上記1の耐震基準適合要件については、租税特別措置法施行規則18条の2第2項2号イ(4)に、国土交通大臣が財務大臣と協議して定めた、その家屋が耐震基準に適合していることを証する書類の添付が求められています。そして、その証する書類になる「耐震基準適合証明書」又は「建設住宅性能評価証明書」について具体的に定めているのは、平成21年国土交通省告示685号であり、被相続人居住用家屋に関しては、一級建築士等によってその家屋の調査が譲渡の日前2年以内に終了した証明書に限られています（平21・6・26国交告685一イ(1)）（注）。

（注）特定期間中に行われた耐震工事については、工事完了日から納税者が確定申告書を提出する日までに家屋の調査が行われたものであることが求められています（平21・6・26国交告685一イ(2)）。

3　判　断

耐震基準に適合するリフォーム工事が相続開始前に行われていたとしても、譲渡の日において耐震基準に適合していれば本特例を適用できます。ただし、耐震基準適合証明書等に係る家屋の調査がその譲渡の日前2年以内に終了したものであることが求められているので、本事例のように昔取得した耐震基準適合証明書があったとしても、改めて、その調査の実施が譲渡の日前2年以内になるように、家屋の調査を行って、同証明書等を取得することが必要です。

（参考）本事例に関する質疑応答事例が、国税庁HP＞質疑応答事例＞譲渡所得の「相続時に地震に対する安全性に係る規定等を満たしている場合」として掲載され、本特例の適用が認容されています。

一方、国土交通省HPに次のQ&Aが掲載されています（政策・仕事＞

住宅・建築＞住宅＞空き家の発生を抑制するための特例措置（空き家の譲渡所得の3,000万円特別控除）　よくある主なご質問（令和６年１月１日以降の譲渡））（https://www.mlit.go.jp/jutakukentiku/house/jutakukentiku_house_tk2_000030.html）。

Q．家屋及び土地を譲渡した場合、譲渡後に耐震改修工事を実施することなく、家屋について耐震基準適合証明書が発行できた場合、令和５年度税制改正の拡充要件を用いて特例の適用が可能ですか？

A．拡充要件は「譲渡の時から譲渡の日の属する年の翌年２月15日までの間に当該家屋が耐震基準に適合することとなった場合」であるため、当該期間中に耐震改修工事の実施が必須となります。上記の場合は拡充要件を満たさないため、拡充要件を用いて特例を受けることはできません。

一見すると、両者の回答が整合していないかのように受け止められますが、国土交通省のQ&Aは、もっぱら令和５年度税制改正による租税特別措置法35条３項３号に関する適用関係に言及しているのであって、同項１号の適用関係にまで言及しているものではありません（同項１号の適用関係は、本事例の本文に記載したとおりです。）。

ただし、同項１号の適用に際し、譲渡後に新しい耐震基準適合証明書等の取得のための調査を行ったとしても、特例適用要件を充足しないことに注意が必要です。

（鈴木　雅博）

5　一の建築物・譲渡価額（1億円以下）の要件

5－1　母屋・離れ等の複数の建築物のある敷地等を譲渡した場合

事　例	判　断
昨年父が亡くなり、父が一人で住んでいた自宅及びその敷地を私が相続しました。この自宅は、2階建ての母屋のほかに離れと車庫があり、全て父が居住の用に供していました。具体的な利用状況は下図のとおりです。 私はこの自宅に住む予定もないことから、更地にした上で全て売却することを検討しています。譲渡価額は1億2,000万円になる見込みです。 相続空き家譲渡の特例を適用する場合、譲渡対価の要件（1億円以下）があると聞いていますが、私の場合、この特例の適用を受けることはできますか。	○

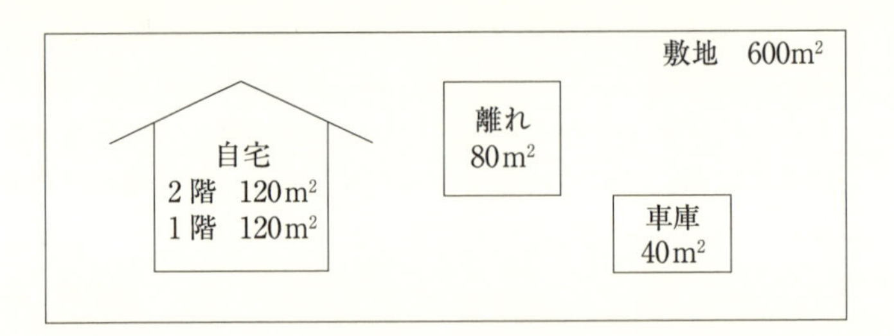

POINT

1　譲渡資産に複数の建築物がある場合の譲渡対価の要件

（1）「対象譲渡資産一体家屋等」の範囲

相続空き家譲渡の特例の適用要件の一つに譲渡対価の額に関する要

件があり、本特例の適用対象になる譲渡は、その額が1億円以下のものに限られます（措法35③）。

この譲渡対価要件の判定に当たっては、本特例の対象になる譲渡（対象譲渡）以外の部分を含める場合があります。具体的には、居住用家屋取得相続人が対象譲渡資産一体家屋等の適用前譲渡又は適用後譲渡をしている時は、対象譲渡の対価の額とこれらの譲渡対価の額を合計して譲渡対価要件を満たすかどうかを判定します（措法35⑥⑦）。

ここで、「対象譲渡資産一体家屋等」の範囲に、事例のように、譲渡資産が被相続人居住用家屋の敷地の用に供されていた土地が用途上不可分の関係にある2以上の建築物のある一団の土地であった場合には、どこまでがその範囲に含まれるのかが問題になります。この場合は、次の事例5－2の自宅兼店舗のケースとは異なり、譲渡資産全体ではなく、母屋部分に対応する部分により判定することになります（措通35－22(4)）。これは、被相続人が複数の家屋（建築物）を一体として居住の用に供していた場合であっても、本特例の対象になるのは、相続の開始の直前において被相続人が主として居住の用に供していた一の建築物に限るとされているためです（措令23⑬⑩、措通35－22(4)(注)）。

（2）　譲渡対価要件の判定

譲渡資産である被相続人居住用家屋の敷地等が用途上不可分の関係にある2以上の建築物のある一団の土地であった場合には、本特例の適用の対象になる部分は母屋に対応する部分に限られており（措令23⑪、措通35－13）、その具体的な判定・算出方法は事例4－4の解説のとおりです。

そして、この場合の譲渡対価要件の判定についても、被相続人居住用家屋の敷地等を判定する際の基準と同様の基準により判定します（措令23⑬⑪、措通35－20（注））。

2　判　断

この事例において、譲渡資産のうち、本特例の適用の対象になる敷地の面積は次の計算式のとおりであり、全体の土地（$600m^2$）のうち、本特例の対象になる被相続人居住用家屋の敷地は$400m^2$になります。

$$600m^2 \times \frac{（母屋）240m^2}{（母屋）240m^2 + （離れ）80m^2 + （車庫）40m^2} = 400m^2$$

そして、譲渡対価要件を判定する場合も、譲渡資産全体ではなく、この特例の適用対象になる部分に対応する敷地部分で判断します。

（全体の譲渡対価）　（特例対象部分）
1億2,000万円 × $400m^2$／$600m^2$ ＝ 8,000万円 ≦ 1億円

以上のとおり、本事例は、譲渡資産全体の譲渡対価の額は1億円を超えていますが、本特例の適用対象になる譲渡対価の額（収入金額）は8,000万円であり、1億円以下になります。したがって、譲渡対価要件を満たすことになるので、本特例の適用が可能です。

（梶野　泰子）

5－2　自宅兼店舗を譲渡した場合

事　例	判　断
父は自宅の1階を店舗として小売業を営んでおり、その2階に一人で住んでいました。昨年この父が亡くなり、私はこの自宅兼店舗及びその敷地を相続しました。なお、小売業は父が亡くなったことにより廃業しました。 この度、不動産会社にこの家屋及び敷地を合計1億500万円で譲渡しました。相続空き家譲渡の特例の適用に当たり、この物件の店舗に供していた部分にこの特例は適用できないことは理解していますが、父の居住用部分には適用があると聞いています。 譲渡対価は全体で1億円を超えていますが、父の居住用部分の対価は1億円以下になりますので、本特例の適用はできると考えてよいでしょうか。	✕

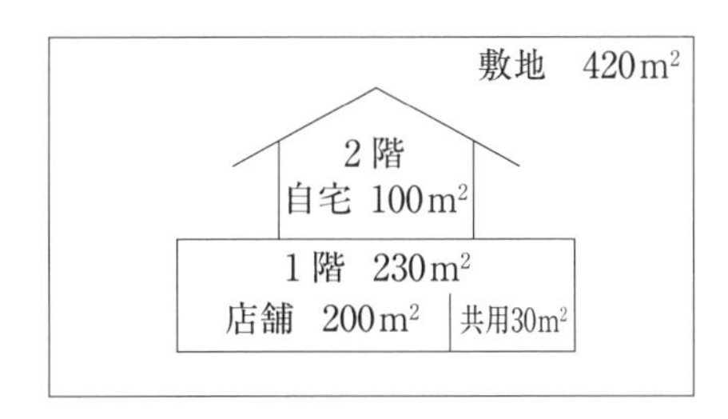

POINT

1　「対象譲渡資産一体家屋等」の範囲

（1）　基本的な考え方

相続空き家譲渡の特例は、譲渡の対価の額が1億円を超えている場合には適用できません（措法35③）。

また、居住用家屋取得相続人がその相続の時からこの特例の適用を受ける者の対象譲渡をした日以後3年を経過する日の属する年の12月31日までの間に「対象譲渡資産一体家屋等」の譲渡（適用前譲渡又は適用後譲渡）をした場合は、それらの譲渡の対価の額と対象譲渡に係る対価の額との合計額が1億円を超えることとなったときも、本特例の適用はできません（措法35⑥⑦）。

ここで、「対象譲渡資産一体家屋等」とは、その譲渡をした資産とその相続の開始直前において一体としてその被相続人の居住の用に供されていた家屋又はその敷地をいいます（措法35⑥）。

（2）　自宅兼店舗の場合の「対象譲渡資産一体家屋等」の判定

譲渡資産が自宅兼店舗の場合、本特例の適用の対象になるのは被相続人が居住の用に供していた部分に限られます。しかし、譲渡対価要件の判定に係る「対象譲渡資産一体家屋等の判定」に当たっては、「対象譲渡の判定」とは異なり、非居住用部分も含めて判定します（措通35−22(5)）。

このように、「対象譲渡の判定」と「対象譲渡資産一体家屋等の判定」の基準は異なります。譲渡対価要件の判定に当たり、対象譲渡だけでなく適用前譲渡及び適用後譲渡を含めて判定する趣旨（理由）は、分割譲渡によって譲渡対価要件の適用を回避することを防止するためです。そして、対象譲渡資産一体家屋等の判定に当たって、自宅兼店舗の場合は店舗部分も含むことになるのは、この特例の適用対象になる居住用部分とそれ以外の部分を物理的に分離して取引をすることができないためと考えられます。

2　判　断

この事例の場合、具体的に本特例の対象になる居住用部分は次のとおりです。

（居住用部分）

$$420m^2 \times \frac{100m^2 + 30m^2 \times 100m^2/(100m^2 + 200m^2)}{\text{自宅}100m^2 + \text{店舗}200m^2 + \text{共用}30m^2} = 140m^2$$

（全体の譲渡対価）　（特例対象部分）

1億500万円　× $140m^2/420m^2$ ＝ 3,500万円 ≦ 1億円

このように、本特例の対象になる部分の譲渡対価の額については1億円以下になります。

しかしながら、譲渡対価要件の判定に当たっては、店舗部分も含めて判定します。その結果、事例の場合、譲渡資産全体の譲渡対価の額が1億500万円であり、1億円を超えていますので、本特例の適用はできません。

（梶野　泰子）

5－3　相続開始前に被相続人居住用財産に相続人の持分がある場合

事　例	判　断
昨年父が亡くなりました。父の相続人は子甲及び乙の2人です。父は自宅で一人住まいでしたが、その自宅（及びその敷地）は、父単独所有ではなく乙との共有（持分2分の1ずつ）でした。 この自宅を取り壊し、敷地を1億2,000万円で売却しましたが、父の持分を次のように相続した場合、相続空き家譲渡の特例の適用はできますか。 〔ケース1〕 父の持分を甲が相続した場合 〔ケース2〕 父の持分を乙が相続した場合 〔ケース3〕 父の持分を甲と乙がそれぞれ2分の1ずつ相続した場合	〔ケース1〕 ○ （甲のみ） 〔ケース2〕 × 〔ケース3〕 × （甲・乙とも）

所有状況	相続開始前	遺産分割	遺産分割後
ケース1	父　1/2 乙　1/2	父(1/2)→甲	甲1/2・乙1/2
ケース2		父(1/2)→乙	乙単独所有
ケース3		父(1/2)→甲1/2・乙1/2	甲1/4・乙3/4

POINT

1　譲渡資産が共有だった場合における譲渡対価要件の判定

（1）　判定基準

本特例は、譲渡対価の額が1億円を超える場合は適用がありません（措法35③）。この譲渡対価要件の判定に当たり、譲渡資産が共有だった場合は、被相続人から相続により取得した共有持分に係る譲渡対価の額により判定します（措通35−20(1)）。

また、譲渡対価要件は、居住用家屋取得相続人がその相続の時からこの特例の適用を受ける者の対象譲渡をした日以後3年を経過する日の属する年の12月31日までの間に「対象譲渡資産一体家屋等」の譲渡（適用前譲渡又は適用後譲渡）をした場合は、今回の対象譲渡の対価の額とそれらの譲渡に係る対価の額との合計額で判定します（措法35⑥⑦）。したがって、当該譲渡資産に係る他の共有持分のうち、居住用家屋取得相続人の共有持分は適用前譲渡に係る対価の額になります（措通35−20(1)（注））。

なお、「対象譲渡資産一体家屋等」とは、相続開始の直前において、対象譲渡をした資産と一体として被相続人の居住の用に供されていたものをいいますので、居住用家屋取得相続人が相続の開始の直前において所有していた譲渡資産もこの「対象譲渡資産一体家屋等」に含まれます。したがって、居住用家屋取得相続人が相続開始前から譲渡資産の持分を所有していた場合には、その部分も適用前譲渡になります。

（2）　譲渡対価要件を判定する際の留意点

上記(1)を踏まえ、譲渡資産が共有の場合、また、譲渡資産を被相続人が相続人と共有していた場合には、次の点に注意する必要があります。

ア　譲渡資産の共有者が居住用家屋取得相続人である場合には、それぞれ自己の共有持分のみでなく、相続等により譲渡資産を取得した相続人の持分を加算して譲渡対価要件を判定します。

イ　居住用家屋取得相続人が譲渡資産に相続開始前から自己の持分を所有していた場合には、相続等により取得した分だけでなく、もともと所有していた自己の持分を含めて譲渡対価要件を判定します。

2　事例の場合

（1）〔ケース1〕について

譲渡資産は父の相続人である甲、乙それぞれ1/2ずつの共有です。甲は父から相続により持分を取得していますので居住用家屋取得相続人に該当します。一方、乙は相談開始前からこの資産を所有しており、父からの相続により持分を取得していませんので居住用家屋取得相続人には該当しません。

したがって、甲は自己の持分に対応する譲渡対価の額により譲渡対価要件を判定します。

甲の持分に対応する譲渡対価
1億2,000万円 × 1/2 ＝ 6,000万円 ≦ 1億円

甲は譲渡対価要件を満たしているので本特例の適用ができます。

乙はもともと居住用家屋取得相続人ではありませんので本特例の適用はできません。

（2）〔ケース2〕について

乙はもともと譲渡資産の1/2を所有しており、父から相続により残りの1/2を取得した結果、単独所有になりました。

乙は居住用家屋取得相続人に該当しますので、この譲渡資産のうち、相続による取得以外の部分の譲渡は適用前譲渡に該当します。譲渡資産に適用前譲渡がある場合には、その適用前譲渡と当該対象譲渡に係

る対価の額の合計額で譲渡対価要件を判定します。

相続により取得した分　　　もともと所有していた分
１億2,000万円 × １/２ ＋ １億2,000万円 × １/２
＝ １億2,000万円 ＞ １億円

したがって、１億円を超えますので本特例の適用はできません。

（３）〔ケース３〕について

相続後の譲渡資産の持分は、甲１/４、乙３/４になります。したがって、それぞれの譲渡対価は、甲は１億2,000万円×１/４＝3,000万円、乙は１億2,000万円×３/４＝9,000万円になりますので、それぞれ１億円以下になります。

しかし、甲も乙も居住用家屋取得相続人に該当しますので、それぞれ、相手の共有持分の譲渡は適用前譲渡に該当します。さらに、居住用家屋取得相続人（事例の場合乙）の相続により取得した持分以外の持分（乙が相続開始前から所有していた１/２の持分）に対応する部分は適用前譲渡に該当します。

したがって、甲も乙も、譲渡対価要件を判定する額は、相手の持分も含めた全体で判断することになりますので、いずれも１億2,000万円になり、１億円を超えますので本特例の適用はできません。

（梶野　泰子）

5－4　家屋を取り壊して敷地を分筆し、同年中に2回譲渡した場合

事　例	判　断
昨年父が亡くなり、父が一人で住んでいた自宅及びその敷地を私が相続しました。この家屋を取り壊してその敷地を二つに分筆（分割）してそれぞれ譲渡する予定です。 〔ケース1〕 本年中にそれぞれ譲渡した場合、譲渡した敷地全部について相続空き家譲渡の特例の適用を受けることはできますか。なお、金額は全体で9,000万円です。 〔ケース2〕 〔ケース1〕で全体の金額が1億2,000万円の場合も本特例の適用はできますか。	〔ケース1〕 ○ 〔ケース2〕 ×

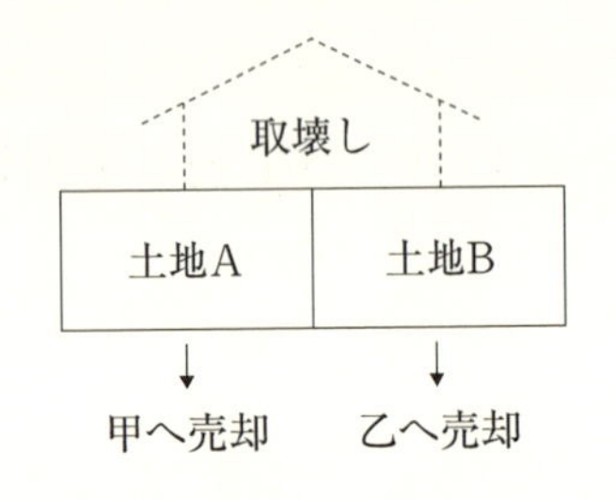

POINT

1　被相続人居住用家屋の敷地等を分割して譲渡した場合

（1）　本特例の適用回数の意味

相続空き家譲渡の特例の適用については、同一の被相続人から相続又は遺贈により取得した被相続人居住用家屋又はその敷地等の譲渡に

ついて、その相続人が既にこの特例の適用を受けている場合を除く旨規定されています（措法35③本文かっこ書）。つまり、本特例は相続人ごとに1回の適用しかできません。

ところで、同年中に被相続人居住用家屋の敷地等を複数回に分けて譲渡した場合、この「1回のみの適用」とは譲渡ごとに判断することになるのか疑問が生じます。

この点、本特例の適用に当たっては、適用を受けようとする者の譲渡をした年分の確定申告書に所定の記載をし、所定の書類を添付して提出することが要件になっています（措法35⑫）。したがって、適用を受けようとする年中に本特例の対象になる譲渡が複数あった場合、まだ特例を適用する申告の手続を経ていないので、それぞれの譲渡について他方の譲渡が本特例の適用をした譲渡と捉えることはできません。このことから、同年中に複数の譲渡をした場合であっても本特例の適用対象になります。

ただし、譲渡所得の金額から控除できる特別控除の金額は、それぞれ3,000万円になるのではなく、合計で3,000万円が限度になります（措法35①）（注）。なお、自己の居住用財産を同年中に複数回譲渡した場合の3,000万円の特別控除の特例（措法35②）の適用についても同様に解されます。

（注）　租税特別措置法35条1項は、居住用財産を譲渡した場合の特別控除の額の計算について、その年中に本人居住用財産及び被相続人居住用財産の特例に該当することになった全部の資産の譲渡所得に対して合計して適用する旨規定されており、特別控除の適用関係は年分適用になっています。

（2）　譲渡対価要件の判定

譲渡対価要件の判定については、対象譲渡だけでなく適用前譲渡も含めた合計額（適用後譲渡がある場合はその合計額）で判断することになります（措法35⑥⑦）。この場合、対象譲渡と同年中の譲渡は、対象譲渡の前後を問わず適用前譲渡に該当します。

2　判　断

（1）〔ケース1〕について

同年中に複数回にわたって被相続人居住用家屋の敷地等を譲渡した場合でも、それぞれ本特例の適用要件を満たしている限り、その全てについて本特例の適用を受けることができます。

（2）〔ケース2〕について

同年中に複数回にわたって被相続人居住用家屋の敷地等を譲渡した場合、譲渡対価要件の判定に当たっては、それぞれの譲渡の対価と適用前譲渡の対価の合計によることになります。したがって、同年中に譲渡したそれぞれの譲渡の対価は1億円以下であっても、同年中に譲渡した被相続人居住用家屋の敷地等の対価はもう一方の譲渡対価を含めた1億2,000万円であり、1億円を超えることから、いずれの譲渡についても本特例の適用を受けることはできません。

（梶野　泰子）

5－5　家屋を取り壊して敷地を分筆し、１回目の譲渡では特例の適用をせず、２年後の２回目の譲渡で特例の適用を検討する場合（適用前譲渡）

<table>
<tr><th>事　例</th><th>判　断</th></tr>
<tr><td>昨年父が亡くなり、父が一人で住んでいた自宅及びその敷地を私が相続しました。その家屋を取り壊し、敷地を土地Ａと土地Ｂの二つに分筆して、今年は土地Ａを譲渡し、２年後に土地Ｂを譲渡する予定です。
次の〔ケース１〕及び〔ケース２〕の場合、相続空き家譲渡の特例を適用することはできますか。
〔ケース１〕
本特例の適用は相続人１人につき１回しか適用できないそうですが、土地Ａについては本特例を適用せず、２年後の土地Ｂの譲渡について本特例を適用することはできますか。
〔ケース２〕
土地Ｂの譲渡価額が予想よりだいぶ下回り、土地Ａの譲渡に対して本特例を適用した方が有利になることが判明した場合、遡って土地Ａの譲渡に対して本特例の適用をすることはできますか。</td><td>〔ケース１〕

〔ケース２〕
</td></tr>
</table>

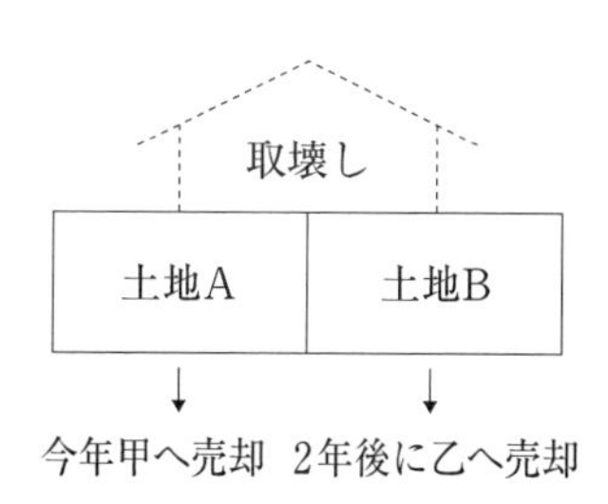

POINT

1　被相続人居住用家屋の敷地等の一部の譲渡

相続空き家譲渡の特例の適用を受けようとする者が、既にその相続に係る被相続人居住用家屋又はその敷地等の譲渡について本特例の適用を受けている場合は、この特例の適用はできません（措法35③）。しかし、被相続人居住用家屋の敷地等を複数回にわたって譲渡している場合、その譲渡が本特例の適用が可能な期間内であれば、特例の適用の順序についての制限規定はありませんので、いずれの年分の譲渡に本特例の適用を受けるのかという点は納税者の選択に委ねられています。

ただし、一度本特例を適用することを選択して申告した後に他の年分に選択替えを行うこと、あるいは、本特例を適用しないで申告をした後にその年分での選択を申し出ることはできません（措通35－18）。いずれも、この特例に申告要件が付されていることから、当初の申告が法令に従って行われた以上、その申告を取り消すことができないことによるものです。

なお、複数回にわたって被相続人居住用家屋の敷地等を譲渡している場合、譲渡対価要件の判定に当たっては、対象譲渡だけでなく、適用前譲渡及び適用後譲渡を含めて判定することになりますので注意が必要です（事例5－6～事例5－8参照）。

2　判　断

（1）〔ケース1〕について

いずれの譲渡についても本特例の適用要件を満たしている場合、本年の譲渡に適用するか、2年後の譲渡に適用するかという点は納税者の選択によります。したがって、本年分の譲渡については適用せず、

２年後の譲渡に適用することは可能です。

（2）〔ケース2〕について

本特例を一旦選択適用した後、その選択を変更することはできません。したがって、事例の場合、本年の譲渡について本特例の適用をしないで申告した以上、後から遡って本年の譲渡に本特例の適用をすることはできません。

なお、選択の変更は理由のいかんにかかわらずできませんので、事例のように、特例の適用年分の有利・不利が後日判明した場合に限られず、納税者による選択の結果として土地Ｂを本特例が適用できる年分までに譲渡できなかった場合であっても同様です。

（梶野　泰子）

５－６　家屋を取り壊して敷地を分筆し、１回目の譲渡で特例の適用をした後、２年後に２回目の譲渡をした場合（適用後譲渡）

事　例	判　断
３年前に父が亡くなり、父が一人で住んでいた自宅及びその敷地を私が相続しました。翌年、その家屋を取り壊し、敷地を土地Ａと土地Ｂの二つに分筆（分割）して土地Ａを譲渡し、相続空き家譲渡の特例の適用を受けて申告しています。 次のそれぞれのケースについて、この特例の適用関係はどのようになりますか。 〔ケース１〕 ２年後に土地Ｂの譲渡をした場合、土地Ｂに本特例を適用できますか。 〔ケース２〕 土地Ｂが高額で売れたため、土地Ａとの合計の譲渡価額が１億円を超えてしまいました。土地Ａの譲渡についてこのまま本特例の適用を受けることはできますか。	〔ケース１〕  〔ケース２〕 

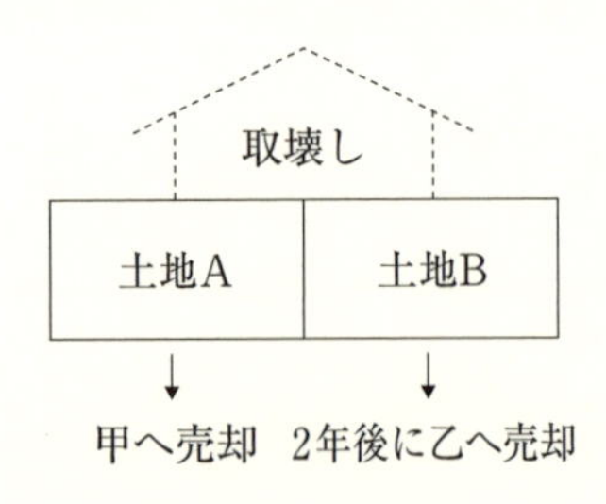

POINT

1　被相続人居住用家屋の敷地等の一部の譲渡

（1）　適用後譲渡があった場合

相続空き家譲渡の特例の適用は相続人一人につき1回に限られることについては事例5－5のとおりです。したがって、既にこの特例の適用を受けている場合には、2回目以降の譲渡について本特例の適用はできません。

ところで、本特例の譲渡対価要件については、対象譲渡のみならず、適用前譲渡及び適用後譲渡の対価を合計して判定することとされています（措法35⑥⑦）。したがって、対象譲渡の申告をした時点では本特例の適用要件を満たしていても、その後に適用後譲渡があったことにより、本特例の適用要件の一つである譲渡対価要件を満たさなくなる場合があります。特に①被相続人居住用家屋等を複数の相続人で相続した場合や、②被相続人が他の者と共有により被相続人居住用家屋等を所有していた場合などは、その家屋の敷地等の譲渡の時期が所有者によって異なる場合があり、自分以外の者による譲渡が適用後譲渡に該当することがあります。また、2回目以降に譲渡した部分が、相続開始後駐車場にするなど別の用途に供していた場合、その部分はそもそも本特例の対象にはなりませんが、適用後譲渡には該当することになりますので注意が必要です。

（2）　特例の適用要件を満たさなくなった場合の手続（義務的修正申告等）

既に本特例の適用を受けた後適用後譲渡があり、譲渡対価要件を満たさなくなった場合には、本特例の適用を受けた年分について、その適用後譲渡があった日から4月を経過する日までに修正申告書を提出し、同日までに対応の税額を納付する必要があります（措法35⑨）。

この提出期限内に提出された修正申告書は期限内申告書とみなされますので（措法35⑪・33の5③）、過少申告加算税は賦課されず、期限内に納付した場合延滞税も賦課されません。

なお、この修正申告において相続税の取得費加算の特例（措法39）の適用ができるか否かについては事例9－3を参照してください。

2　判　断

（1）〔ケース1〕について

土地Aと土地Bのいずれの譲渡についても本特例の適用要件を満たしている場合、本特例を初年分に適用するか、2年後に適用するかという点は納税者の選択によります。したがって、本年の譲渡については適用せず、2年後の譲渡に適用することは可能です。

しかし、本特例は相続人につき1回しか適用できませんので、初年分について本特例の適用をしているのであれば、次年以降の譲渡について、本特例の適用はできません。

（2）〔ケース2〕について

本特例の適用を受けた年の次年以降に適用後譲渡があり、譲渡対価要件を満たさなくなった場合には、本特例の適用ができなくなります。したがって、その適用後譲渡の日から4か月以内に修正申告書を提出して納税をする必要があります。

（梶野　泰子）

5－7　家屋を取り壊して敷地を分筆し、1回目の譲渡で特例を適用した後、4年後に2回目の譲渡をした場合

事　例	判　断
5年前に父が亡くなり、父が一人で住んでいた自宅及びその敷地を私が相続しました。翌年、その家屋を取り壊し、敷地を土地Aと土地Bの二つに分筆（分割）して土地Aを譲渡し、相続空き家譲渡の特例の適用を受けて申告しています。 残った土地Bは月極駐車場として利用していましたが、土地Aを売った4年後に手放すことにしました。土地Aとの合計の譲渡価額が1億円を超えることになりますが、土地Aの譲渡についてこのまま本特例の適用を受けることができますか。	

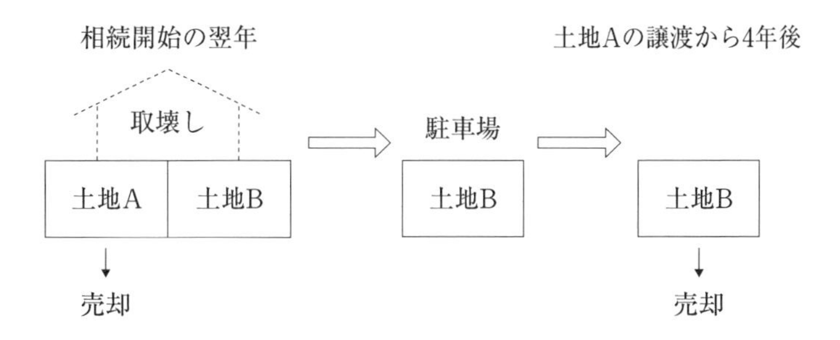

POINT

1　対象譲渡と適用前譲渡・適用後譲渡の範囲（期間）

相続空き家譲渡の特例が適用可能な譲渡は、相続の開始の日から同日以後3年を経過する日の属する年の12月31日までに行ったものに限

られます。また、譲渡対価要件を判定する場合の適用前譲渡又は適用後譲渡の期限は、対象譲渡を軸に規定されています。具体的には、次のとおりです。

適用前譲渡	相続の開始の時から対象譲渡をした日の属する年の12月31日まで
適用後譲渡	対象譲渡をした日の属する年の翌年１月１日から対象譲渡をした日以後３年を経過する日の属する年の12月31日まで

ここで、適用前譲渡又は適用後譲渡に該当する譲渡は、対象譲渡をした者だけでなく、他の居住用家屋取得相続人による譲渡を含む点に注意が必要です。なお、適用後譲渡の期限を超えて居住用家屋取得相続人が被相続人居住用家屋等を譲渡した場合は対象譲渡に対する本特例の適用に影響を及ぼしませんが、その時期は、対象譲渡の時期によって異なります。

対象譲渡と適用前譲渡又は適用後譲渡の期間の関係は本事例末尾の図のとおりです。

２　被相続人居住用家屋の敷地等の一部の譲渡と対象譲渡資産一体家屋等の判定

被相続人居住用家屋の敷地等を複数回にわたって譲渡する場合、対象譲渡の時点で被相続人居住用家屋の敷地等の全部が本特例の適用要件を満たしている必要がありますので、譲渡しない部分についても特例の適用要件を満たしている必要があります（措通35−17(３)イ）。したがって、例えば譲渡しない部分を貸付け等他の用途に供していた場合は本特例の適用は受けられません

一方、譲渡対価要件を判定する場合の対象譲渡資産一体家屋等につ

いては、譲渡資産の相続後の利用状況は判定に影響しません（措通35−22(2)）。したがって、対象譲渡後に譲渡しない部分を他の用途に供していても、対象譲渡資産一体家屋等の範囲から除外されず、対象譲渡の特例の適用に当たっては問題になることはありません。

3　判　断

事例の場合、次頁の図に当てはめると、対象譲渡をした年はX＋1年になり、適用前譲渡の期間は、X年の相続開始以後X＋1年まで、適用後譲渡の期間はX＋2年からX＋4年までになります。

土地Bを譲渡する時期は、土地Aを売った4年後ですので、X＋5年になります。X＋5年は、適用後譲渡の期間を経過した後になりますので、譲渡対価要件を判定する譲渡の時期に含まれません。したがって、土地Bの譲渡は土地Aの譲渡に対する特例の適用に影響しませんので、このまま本特例の適用を受けることができます。

なお、土地Bの譲渡に本特例の適用はできませんが、その用途が土地Aに対する本特例の適用の可否に影響する場合があります。土地Bは駐車場の用に供していたとのことですが、土地Aの譲渡の前に駐車場にした場合、土地Aの譲渡に対して本特例の適用はできませんが、土地Aの譲渡後に駐車場にしたのであれば本特例を適用することができます。

対象譲渡と適用前譲渡又は適用後譲渡の期間

☆は対象譲渡の発生時点

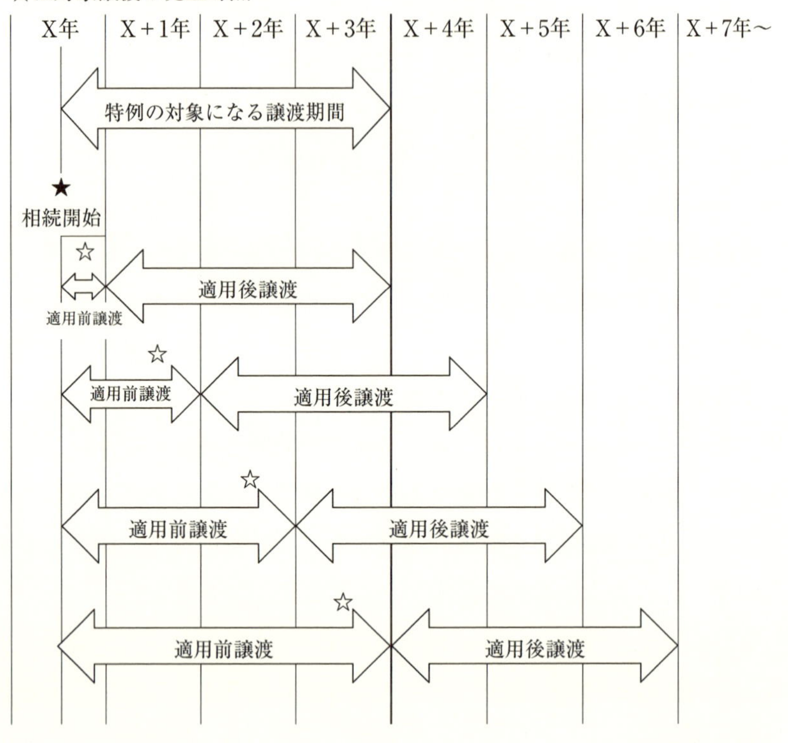

（梶野　泰子）

5－8　贈与又は著しく低い価額により適用前譲渡又は適用後譲渡が行われた場合

<table>
<tr><th>事　例</th><th>判　断</th></tr>
<tr><td>３年前に父が亡くなり、父が一人で住んでいた自宅及びその敷地を私が相続しました。翌年、家屋を取り壊し、敷地を土地Ａと土地Ｂの二つに分筆（分割）しました。
次のそれぞれのケースについて、相続空き家譲渡の特例の適用関係はどのようになりますか。
〔ケース１〕
昨年土地Ａ（時価6,000万円）を娘に贈与し、今年土地Ｂを5,000万円で地元の不動産業者に譲渡しました。土地Ｂの譲渡所得に対してこの特例の適用ができますか。
〔ケース２〕
昨年、土地Ｂを5,000万円で売却して本特例の適用を受けて申告しました。今年、土地Ａ（時価6,000万円）を隣人に時価よりも少し安く4,800万円で売ります。今年売る土地Ａの譲渡に対して特例の適用ができないことは理解していますが、昨年申告した土地Ｂに対する特例の適用は引き続き可能でしょうか。</td><td>〔ケース１〕

〔ケース２〕
</td></tr>
</table>

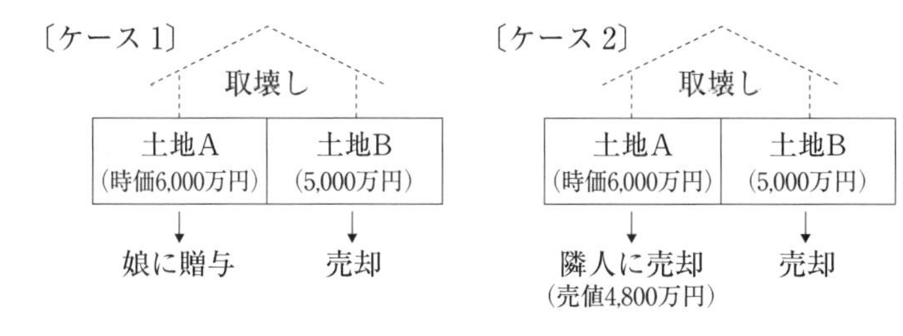

POINT

1　贈与又は著しく低い価額により譲渡が行われた場合

相続空き家譲渡の特例は、譲渡の対価の額が1億円を超えている場合には適用がありません（措法35③）。また、居住用家屋取得相続人が適用前譲渡又は適用後譲渡をした場合は、それらの譲渡の対価の額と対象譲渡に係る対価の額との合計額が1億円を超えることとなったときは、この特例の適用はできません（措法35⑥⑦）。

ところで、譲渡所得における「譲渡」とは税法に定義はありませんが、一般に、「資産を移転させる一切の行為」と説明されています。したがって、有償・無償を問いませんので、贈与や低額譲渡も含まれます。適用前譲渡又は適用後譲渡における「譲渡」も同様に解されます。

そして、適用前譲渡又は適用後譲渡が贈与又は著しく低い価額の対価により行われた場合には、その贈与又は著しく低い価額による譲渡が行われた時の価額、すなわちその時の時価（通常の取引価額）を適用前譲渡又は適用後譲渡に係る対価の額とすることとされています（措令23⑮）。

この点についての留意点は次のとおりです。

①　この場合の「著しく低い価額」とは、適用前譲渡又は適用後譲渡の時における価額の2分の1に満たない金額をいいます（措規18の2④）。したがって、その時点での時価の2分の1以上で譲渡した場合には、「著しく低い価額」には該当しませんので、その売却価額そのものを対価の額として判定します。

②　贈与又は著しく低い価額による譲渡が行われた時の譲渡対価要件の判定は、その時の時価によることとされているため、贈与税の課税価格を算定する際の時価である相続税評価額とは関係ありません。

2　判　断

（1）〔ケース1〕について

今年譲渡した土地Bに対する特例適用の可否を検討するに当たって、前年に行った土地Aの贈与は適用前譲渡に該当します。そして、譲渡対価要件については、対象譲渡の対価の額（土地Bの売却価額5,000万円）だけでなく、適用前譲渡の対価の額を含めて判定します。このケースの場合における適用前譲渡は娘に対する土地Aの贈与であり、その対価は贈与の時の価額によりますので、6,000万円になります。

対象譲渡の価額　　　　適用前譲渡の価額
（土地B）5,000万円 ＋（土地A）6,000万円
＝ 1億1,000万円 ＞ 1億円

したがって、1億円を超えますので本特例の適用はできません。

（2）〔ケース2〕について

既に前年に本特例の適用を受けているので、今年の土地Aの譲渡に対してはこの特例の適用はできません。

土地Aの譲渡は、時価より低い金額で行われたとのことですが、個人に対して時価より低い価額により譲渡した場合、譲渡所得の収入金額は時価に引き直すことなく、実際に売却した価額により申告します。なお、著しく低い価額により譲渡した場合には、別途贈与税が課税される場合があります。

ところで、本特例の譲渡対価要件は、対象譲渡の対価の額だけでなく、適用前譲渡又は適用後譲渡がある場合には、その対価の額も含めて判定する必要があり、その対象は、対象譲渡があった年だけにとどまりません。このケースの場合、土地Aの譲渡は、対象譲渡である土地Bの譲渡の適用後譲渡に該当します。譲渡対価要件の判定に当たり、著しく低い価額で譲渡した場合の対価は時価によることになりますが、この場合の「著しく低い価額」とは、時価の2分の1に満たな

い価額とされていますので、〔ケース２〕の場合の譲渡は著しく低い価額による譲渡に該当しません。

譲渡価額		著しく低い価額の判定ライン	（時価 × 1/2）
4,800万円	＞	3,000万円	（6,000万円 × 1/2）

したがって、譲渡対価要件の判定は実際の譲渡価額によることになり、対価要件の判定は、次の算式によります。

対象譲渡（土地Ｂの譲渡対価）		適用後譲渡（土地Ａの譲渡対価）				
5,000万円	＋	4,800万円	＝	9,800万円	≦	１億円

土地Ａと土地Ｂの価額の合計は、時価ベースでは１億円を超えますが、実際の譲渡価額では１億円以下になり、譲渡対価要件を満たしていますので、前年の申告を是正する必要はありません。

（梶野　泰子）

５－９　他の取得者への通知が必要になる場合

事　例	判　断
２年前に父が亡くなり、私と弟は、父が一人で住んでいた自宅及びその敷地を、建物は持分２分の１ずつの共有、敷地は等分に分筆して私が土地Ａ、弟が土地Ｂをそれぞれ相続しました。 昨年建物を取り壊し、私と弟はそれぞれこの土地を売りに出していたところ、私は昨年中に土地Ａを6,000万円で売却できました。弟はまだ売却できていないようです。 私は相続空き家譲渡の特例の適用を受けて申告する予定ですが、父の居住用家屋を共有で相続した弟に対して売却した旨を知らせる必要があると聞きました。しかし、私は弟とはなるべく関わりを持ちたくないので、通知をしないつもりです。その場合でも、私はこの特例の適用ができますか。	

POINT

１　他の居住用家屋取得相続人への通知義務

相続空き家譲渡の特例は、譲渡の対価の額が１億円を超えている場合には適用がありません（措法35③）。また、居住用家屋取得相続人が適用前譲渡又は適用後譲渡をした場合は、それらの譲渡の対価の額と対象譲渡に係る対価の額との合計額が１億円を超えることとなったときは、この特例の適用はできません（措法35⑥⑦）。

この、「適用前譲渡」又は「適用後譲渡」とは、本特例の適用を受ける対象譲渡をした者が、複数回にわたって被相続人居住用家屋等を譲渡した場合のみならず、被相続人居住用家屋等を同じ被相続人から相続により取得した者が譲渡した場合も含まれます。

したがって、対象譲渡をした者は、他の居住用家屋取得相続人が適用前譲渡又は適用後譲渡をしたか否かを確認する必要があることから、他の居住用家屋取得相続人に対して対象譲渡をしたことを通知する必要があります。そして、この通知を受けた居住用家屋取得相続人で適用前譲渡をしている場合は通知を受けた後遅滞なく、適用後譲渡をした場合にはその適用後譲渡をした後遅滞なく、それぞれ、通知をした者に対して、必要事項を通知することが義務付けられています（措法35⑧）。

具体的な内容は次のとおりです。

○通知義務の概要（措法35⑧）

通知をする者	通知を受ける者	通知をする時期	通知内容
対象譲渡をした者（注）	他の居住用家屋取得相続人	対象譲渡後遅滞なく	・対象譲渡をした旨 ・対象譲渡をした日 ・その他参考となるべき事項
対象譲渡をした者から通知を受けた居住用家屋取得相続人	対象譲渡をした者	適用前譲渡をしていた場合は通知を受けた後遅滞なく適用後譲渡をした場合には適用後譲渡後遅滞なく	・その譲渡をした旨 ・その譲渡をした日 ・その譲渡対価の額 ・その他参考となるべき事項

（注）　対象譲渡をした者が他の居住用家屋取得相続人に対して行う通知内容に対象譲渡の対価の額が入っていませんが、この通知は相手方の譲渡について通知を促す趣旨のものなので、自らの譲渡対価の額を知らせる必要性がないためです。

2　通知をしなかった場合

上記1の通知は法令により義務付けられているものですが、義務違反に対する罰則の規定はありません。また、通知義務を果たしていないことをもって、本特例の適用ができないとする規定もありません。そもそもこの通知義務は本特例の適用要件の一つである譲渡対価要件を満たしているか否かの確認のために設けられていることから、結果として譲渡対価要件を満たしているのであれば、通知義務を果たしていなくても本特例の適用に問題はないことになります。

しかし、本特例の適用を受けて申告した後、適用前譲渡又は適用後譲渡があったことが分かり、結果として譲渡対価要件を満たしていないことを理由に申告の是正が必要になる場合、その期限に間に合わなくなる場合が生じるなど、結果的に自らが不利益を被ることが想定されます。したがって、本特例の適用をする以上、通知義務を果たしておくことが必要です。

3　判　断

この事例の場合、あなたが本特例の適用をするのであれば、対象譲渡をした後遅滞なく弟に譲渡があった旨通知する義務があります。しかし、あなたが土地Ａの譲渡所得を申告する時点で、まだ弟が土地Ｂを売却していないのであれば、あなたが譲渡した土地Ａの対価の額は1億円以下ですので譲渡対価要件を満たしており、本特例の適用は可能です。

ところで、弟が再来年までに土地Ｂを譲渡した場合には、その対価の額と合計して譲渡対価要件を判定することになります。その結果、本特例の適用ができなくなる場合には、修正申告が必要です。その際に、弟が譲渡したことを知らなかった場合であっても本特例の適用はできません（修正申告を行って、是正することが必要です。）。

したがって、弟の譲渡の情報を早く知ることはあなたにとって必要です。弟も本特例の適用を受ける場合には、あなたに通知をする必要がありますが、弟が本特例の適用を受けない場合には弟から譲渡の通知はありません。しかし、その場合でも、あなたが弟に通知をしていれば、弟には自身が譲渡した場合の通知義務が発生します。

このように、あなたが譲渡の通知義務を果たさないことをもって直ちに本特例の適用ができなくなるわけではありませんが、弟の譲渡によって自身が不利益を被る場合もあることから、通知義務を果たすことが必要です。

（梶野　泰子）

5－10　他の相続人から適用前譲渡又は適用後譲渡をした旨の通知がなかった場合

事　例	判　断
3年前に父が亡くなり、兄と弟は、父が一人で住んでいた自宅及びその敷地を、建物は持分2分の1ずつの共有、敷地は二つに等分で分筆して兄が土地A、弟が土地Bをそれぞれ相続しました。 その家屋は2年前に取り壊し、土地をそれぞれ売りに出していたところ、昨年、兄が相続した土地Aが売れたので（譲渡価額5,000万円）、すぐにその旨を弟に通知しました。 弟も昨年末に土地Bを売却することができましたが（譲渡価額6,000万円）、弟は年末の慌ただしさに紛れてその旨を兄に通知しませんでした。 兄は弟から土地Bの売却の通知がなかったため土地Bが売れたことを知らず、土地Aの譲渡所得に対して相続空き家譲渡の特例を適用して申告しました。 このように他の相続人から売却の通知がない場合には、この特例の適用ができますか。	

POINT

1　他の相続人からの通知がなかった場合

相続空き家譲渡の特例の適用要件には、譲渡対価要件（譲渡対価の額が1億円以下）があります。また、居住用家屋取得相続人が適用前譲渡又は適用後譲渡をした場合は、それらの譲渡の対価の額と対象譲渡に係る対価の額との合計額が1億円を超えることとなったときは、この特例の適用はできません（措法35⑥⑦）。

この適用前譲渡又は適用後譲渡があるか否かを確認するために通知制度が設けられていることは事例5－9のとおりです。

通知義務は、①対象譲渡をした者がするものと、②①の通知を受けた者がするものの2種類があります。他に居住用家屋取得相続人がいる場合には、対象譲渡をした者はその他の居住用家屋取得相続人に対して通知をする必要があります（①の場合）。一方で、居住用家屋取得相続人が相続した被相続人居住用家屋等を譲渡した場合であっても、この特例の適用を受けないのであれば（例えば相続税の取得費加算の特例（措法39）を適用する場合）、この時点では他の居住用家屋取得相続人に通知をする必要はありません。しかし、自身が本特例の適用を受けない場合でも、他の居住用家屋取得相続人から通知を受けた場合には、自らが行った譲渡は適用前譲渡に該当しますので、通知をした者に対して自らの譲渡の内容を通知しなければなりません（②の場合）。

ところで、自ら通知義務を果たしたものの、相手方が適用前譲渡又は適用後譲渡をしているにもかかわらず通知を怠ったために、適切な申告ができなかった場合があり得ます。しかし、このような場合であっても、結果的に譲渡対価要件を満たさないことになるのであれば本特例の適用はできません（措通35－25）。既に本特例の適用をして申告している場合には修正申告をする必要があり、義務的修正申告の期限を超えていれば附帯税が課されます。他の者の行為により自らの申告が不適切になることになったとしても免責はされませんので、注意が必要です。

2　判　断

この事例の場合、土地Aと土地Bの対価の合計額は1億1,000万円になり、1億円を超えていますので、兄も弟もこの特例の適用はできません。

兄は申告をする時点で弟が土地Bを譲渡したことを知らなかったので、土地Aの譲渡価額（5,000万円）のみで譲渡対価要件を満たしていると判断して申告をしたことになります。一方、弟は、兄が土地Aを譲渡したことは通知されていたので、金額も通知されていれば土地Bの譲渡価額と合計すれば1億円を超えていることが容易に判断でき、特例の適用をせずに申告することができます。弟は通知義務を果たさなかったにもかかわらず適正な申告が可能で、兄は通知義務を果たしていたにもかかわらず、期限内に適正な申告ができず、その責めを負わされることになります。

このような結果は理不尽にも見えますが、通知義務は譲渡対価要件を確認するための手段の一つとして設けられたもので、他の居住用家屋取得相続人が被相続人居住用家屋等を譲渡しているかどうかの確認は他の居住用家屋取得相続人からの通知以外にも登記を確認するなど他に方法がないわけではありません。したがって、本特例の適用に際して、他の居住用家屋取得相続人からの通知がなかったことは、考慮される要素にはなりません（居住用家屋取得相続人の間で、必要に応じて、取得した被相続人居住用家屋とその敷地の利用、譲渡などに関するそれぞれの意向の事前すり合わせなどを行うことを検討する必要があるように思われます。）。

（梶野　泰子）

５－11　耐震リフォームをする場合

事　例	判　断
昨年父が亡くなり、父が一人で住んでいた家屋とその敷地を私が相続し、この家屋と敷地を売る予定でいます。家屋は軽量鉄骨造ですが、相続空き家譲渡の特例の適用を受けるためには家屋が耐震基準を満たしていないので、耐震リフォームが必要です。 次のそれぞれの場合、譲渡益として算出される金額はほぼ変わらないのですが、この特例の適用ができますか。 〔ケース１〕 私が耐震リフォームをして総額１億1,000万円で売った場合 〔ケース２〕 現況のまま9,000万円で譲渡し、買主が耐震リフォームをして１億1,000万円で売った場合	〔ケース１〕 ✕ 〔ケース２〕 ○

POINT

１　耐震リフォームをする場合の本特例の適用

相続空き家譲渡の特例は、現在の耐震基準を満たしていない被相続人居住用家屋及びその敷地を相続し、その家屋を除却するか耐震リフォームをして譲渡した場合又は、相続した状態の家屋及びその敷地を譲渡し、一定の期間後に買主側でその家屋を除却し又は耐震リフォームをした場合に適用があります（措法35③）。耐震リフォームをして家屋も売る場合、その相続の開始後に被相続人居住用家屋に対して行われた増築、改築、修繕又は模様替があった場合は、その部分も特例の対象に含まれます（措法35③一・三）。ただし、相続の時から譲渡の時まで、事業の用、貸付けの用又は居住の用に供されていたことがないも

のに限ります。

耐震リフォームを行う場合のタイミングとして、①自ら行う場合と②相続した状態で譲渡し、その後買主が耐震リフォームを行う場合があります。②の場合、本特例の適用を受けるためには、譲渡の時から譲渡の日の属する年の翌年２月15日までの間に、その被相続人居住用家屋が耐震基準に適合することになること（注）が必要です。

（注）　被相続人居住用家屋が耐震基準に適合することとなった場合とは、その家屋を耐震基準に適合させるための工事が完了した場合をいい、本特例を適用する場合は、その工事の完了の日からその譲渡の日の属する年分の確定申告書の提出の日までの間に、その家屋が耐震基準に適合する旨の証明のための家屋の調査が終了し、又は耐震等級（構造躯体の倒壊等防止）に係る評価がされていることが必要です（措通35―9の5）。

2　耐震リフォームの費用負担と譲渡対価

本特例は、譲渡の対価の額が１億円を超えている場合には適用がありません（措法35③）。耐震リフォームをして譲渡した場合の譲渡対価要件との関係は次のとおりです

（1）　自ら耐震リフォームを行う場合

被相続人居住用家屋に自ら耐震リフォームを行って売却する場合、その耐震リフォームに係る費用は売主が負担します。その後、この物件を譲渡する場合には、耐震リフォーム後の価値を基準にした売買価額で譲渡することになります。譲渡所得の計算をする場合、耐震リフォームに要した費用は資本的支出として取得費に算入されます（所法38）。したがって、譲渡所得の取得費は、被相続人から引き継いだ被相続人居住用家屋の取得価額を基にした金額に、自ら負担した耐震リフォーム費用を加算して算出します（そのほかに取得費に該当するものを加算します。）。このため、自ら耐震リフォームをした場合、譲渡価額は上がりますが、取得費も増加します。この場合、耐震リフォーム

をせずに売却した場合と比較すると算出される譲渡益はさほど変わらないと考えられます。

（2）　そのまま売る場合

被相続人居住用家屋（及びその敷地）について耐震リフォームをせずにそのままの状態で譲渡する場合、本特例の適用を受けるためには、譲渡後、所定の期限までにこの家屋が耐震基準を満たすものになっている必要があります。そのため、売買契約において、その旨を特約等で明示しておくことが一般的になりますが（注）、耐震リフォームにかかる費用は、契約で売主が負担することになっている場合を除き、売主が負担することはありません。この場合の譲渡価額は、現況（耐震リフォーム前の価額）を基に算定された価額になりますので、その後にかかる耐震リフォーム費用の額に左右されることはありません。

（注）　買主側で耐震リフォームを行う場合の特約等の例については、国土交通省HP「「空き家の発生を抑制するための特例措置（空き家の譲渡所得の特別控除）」における特約等の例」（https://www.mlit.go.jp/jutakukentiku/house/content/001633561.pdf）を参照してください。

3　判　断

本特例の適用要件の一つである譲渡対価要件は、原則として譲渡した価額そのもので判断します。したがって、売主が自ら耐震リフォームをした場合でも、実際の譲渡価額によって譲渡対価要件を判定することになります。

本事例の〔ケース1〕と〔ケース2〕の場合、譲渡益として算出される額に大きな違いは生じないと考えられます。しかし、譲渡対価要件は、あくまでも譲渡した対価の額により判定しますので、自ら耐震リフォームをして譲渡価額が上がったとしても、その譲渡価額が1億円を超えているのであれば、本特例の適用はできません。

（梶野　泰子）

5－12　家屋の取壊しを行う場合

事　例	判　断
昨年父が亡くなり、父が一人で住んでいた自宅とその敷地を私（甲）が相続しました。私（甲）はこの物件を利用する予定がないので、家屋を取り壊して今年中に売却する予定です。 次のそれぞれの場合、私（甲）は相続空き家譲渡の特例の適用ができますか。 〔ケース1〕 私（甲）が200万円を支出して家屋を取り壊し、敷地を1億100万円で乙に売った場合 〔ケース2〕 家屋付の売買により9,900万円で譲渡し、本特例の適用ができるよう買主側で所定の期限までに家屋を取り壊す条件付で売った場合	〔ケース1〕 × 〔ケース2〕 ○

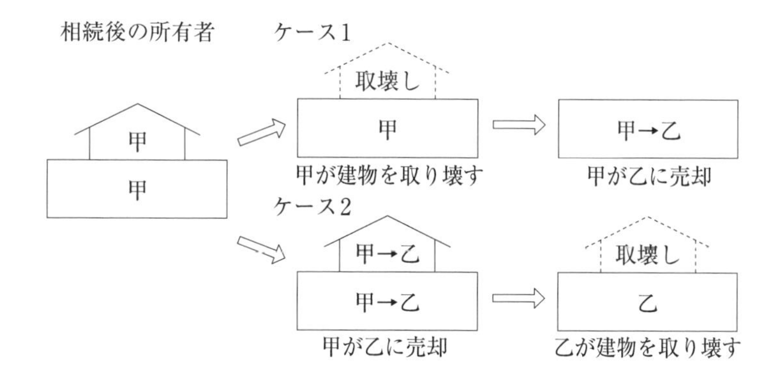

POINT

１　家屋の除却の時期と本特例の適用

相続空き家譲渡の特例は、現在の耐震基準を満たしていない被相続人居住用家屋及びその敷地を相続し、その家屋を除却するか耐震リフォームをして譲渡した場合に適用があります（措法35③）。

家屋を除却する場合、そのタイミングとして、①譲渡前に取り壊す場合と、②相続した状態で譲渡し、その後買主側が取り壊す場合があります。

（１）　譲渡前に家屋を取り壊す場合

譲渡をする前に家屋を取り壊す場合は、その家屋の所有者が責任を持って取り壊すことになります。更地になった土地を売ることになりますので、更地として土地を評価して売買価額が決定されることになります。売主の譲渡所得の計算は、売買価額を譲渡収入金額とし、家屋の取壊し費用は、土地を売るために建物を取り壊しているので、譲渡費用として必要経費に算入できます。

なお、売買契約時には家屋が現存しますが、引渡し時までに家屋を除却することが条件になっている場合（注）も同様です。この場合でも家屋の除却費用はあくまでも家屋所有者である売主が負担します。当事者の契約により、家屋の除却費用を買主が負担することとしている場合には、売主にはその分の経済的利益が発生し、それは譲渡対価の額と考えられますので、譲渡収入金額は売却価額と経済的利益（家屋の除却費用相当額）の合計額になります。

（注）　この場合、家屋は売却しないので、本特例の適用を受けるためには、譲渡の時期を引渡しの日として申告する必要があります（事例４－12参照）。

（２）　家屋付でその敷地を譲渡した場合

家屋と共にその敷地を譲渡した場合、譲渡後の家屋の所有者は買主になるので、原則としてその家屋をどのように使うかあるいは除却するかは買主が自由に決めることになります。しかし、売主が本特例の適用を受けるために、契約において家屋の取壊しを買主の負担において所定の期日までに完了することに合意している場合は、その特約に縛られますが（注）、家屋の譲渡後のことですから、家屋を除却するにしても売主がその除却費用を負担する必要はありません。

（注）　買主側で家屋を除却する場合の特約等の例については、国土交通省HP「「空き家の発生を抑制するための特例措置（空き家の譲渡所得の特別控除）」における特約等の例」（https://www.mlit.go.jp/jutakukentiku/house/content/001633561.pdf）を参照してください。

なお、この場合、家屋付で土地を売ることになりますが、その家屋を買主が使うことは想定しておらず、むしろ取壊しに費用がかかることになることから、その費用を見込んで売却価額が決定されることになります。そして、売主の譲渡所得の計算は、契約どおりの売却価額を収入金額とし、家屋の除却費用は負担しませんので、譲渡費用として建物除却費用が計上されることはありません。

２　判　断

譲渡対価要件との関係で事例に関する判断は次のとおりです。

〔ケース１〕では、譲渡価額は１億円を超えていますので、本特例の譲渡対価要件に抵触し、本特例の適用はできません。

〔ケース２〕では、売主の譲渡対価は9,900万円で１億円を超えておらず譲渡対価要件を満たしていますので本特例の適用ができます。

上記の２つの事例は、家屋の除却費用を誰が負担するかによって譲渡価額の決定に差が出る事例です。〔ケース１〕も〔ケース２〕も売主の手取り金額に差は生じませんが、譲渡価額に差が生じ、譲渡対価要件に抵触する場合があることに注意が必要です。

（梶野　泰子）

5－13　相続の開始の直前に一時的に居住の用以外の用に供した部分がある場合

事　例	判　断
昨年父（甲）が亡くなりました。父（甲）は自分で所有していた家屋とその敷地に一人で住んでいました。なお、父（甲）は、相続開始の直前に、隣人から頼まれ、庭先の一部を隣人の駐車場として使用するのを認めていました（相続開始後は、使用させていません。）。 私（乙）は、この家屋と敷地を相続しましたが、今後利用する予定もなかったことから家屋を取り壊し、その敷地を今年売却しました。 この敷地の譲渡について、相続空き家譲渡の特例の適用ができますか。 なお、売却価額は全体で1億500万円、敷地面積は250m²、隣人に貸していた面積は15m²です。	△

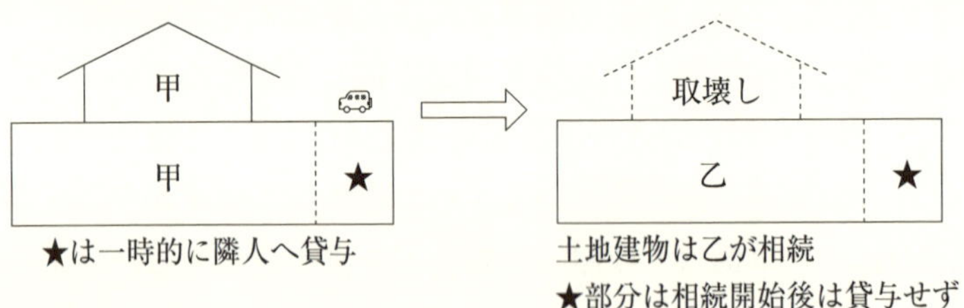

POINT

1　相続空き家譲渡の特例の対象

相続空き家譲渡の特例の適用の対象になる物件は、被相続人居住用家屋及びその敷地として利用されていた部分です。したがって、被相続人居住用家屋及びその敷地以外の用に供されていた部分はこの特例の対象外になります。

被相続人居住用家屋の敷地等の判定に当たっては、社会通念に従い、その土地等が相続の開始の直前（注）において被相続人居住用家屋と一体として利用されていた土地等であったかどうかにより判定することとされています（措通35−13本文）。一般に住宅の庭に供されている部分は、その住宅と一体として利用されていた土地と判断されますが、庭先といえども他人の駐車場として利用されている部分は居住の用以外の用に供されていると判断されます。その利用が一時的なものであったとしても、本特例の適用上、利用状況の判定は相続開始直前になりますので、相続開始直前において、被相続人居住用家屋の敷地として利用されていない部分は、特例の適用の対象にはなりません。

（注）　その土地等が老人ホーム等に入居等の特定事由によりその相続の開始の直前において被相続人の居住の用に供されていなかった場合には、その特定事由により居住の用に供されなくなる直前（老人ホーム入所等の直前。以下同じです。）をいいます。

2　譲渡対価要件の判定

本特例は、譲渡対価の額が1億円を超えた場合は適用できません（措法35③）。また、居住用家屋取得相続人が対象譲渡資産一体家屋等の適用前譲渡又は適用後譲渡をしている時は、対象譲渡の対価の額とこれらの譲渡対価の額を合計して譲渡対価要件を満たすかどうかを判定します（措法35⑥⑦）。

この、「対象譲渡資産一体家屋等」に該当するかどうかは、社会通念に従い、対象譲渡をした資産と一体として被相続人の居住の用に供されていたものであったかどうかを、相続の開始の直前の利用状況により判定することとされています（措通35−22本文）。

したがって、譲渡対価要件も、原則として、譲渡した資産のうち、被相続人の居住の用以外の用に供されていた部分を除いて判定します。

ただし、本特例の適用を受けるためのみを目的として（譲渡対価要件に適合することを目的として）、相続の開始の直前に一時的に居住の用以外の用に供したと認められる場合には、その部分は、「対象譲渡資産一体家屋等」に該当すると取り扱われています（措通35−22(3)）。

3　判　断

この事例の場合、相続開始直前に、被相続人が居住の用に供していた部分は、全体（$250m^2$）のうち隣人に貸していた部分（$15m^2$）を除いた部分（$250m^2$-$15m^2$＝$235m^2$）になります。

したがって、対象譲渡の対価は次のとおりになります。

（全体の譲渡対価）　　（特例の対象になる部分）
1億500万円　×　$235m^2$／$250m^2$　＝　9,870万円　≦　1億円

このように、対象譲渡の対価は1億円以下になります。

そして、譲渡対価要件を判定する上で考慮しなければならない「対象譲渡資産一体家屋等」についても、相続の開始の直前の利用状況により判断することから、一時的にせよ、隣人に貸していた部分は、被相続人の居住の用に供していた部分には該当しません。

したがって、隣人に駐車場として貸していた部分を含めずに譲渡対価要件を判定することになり、結果として特例の対象になる譲渡対価の額は1億円を超えませんので、譲渡した全体（$250m^2$）のうち、被相続人の居住の用に供していた部分（$235m^2$）に対応する部分に対して本特例の適用を受けることができます（注）。

なお、上述したように、隣人に一時的に駐車場として貸した理由が、

本特例の適用を受けることだけを目的としていた場合においては、その部分も含めて「対象譲渡資産一体家屋等」に該当することになり（措通35－22(３)）、全体で１億円を超えることになることから、本特例の適用はできません。

（注）　この事例における貸付け（駐車場）部分の面積は、敷地全体の６％にすぎません。この点に関連して、事例４－９に触れられているとおり、租税特別措置法関係通達35－15《被相続人居住用家屋が店舗兼住宅等であった場合の居住用部分の判定》のなお書きにより、被相続人居住用部分に係る敷地の面積割合が敷地全体のおおむね90％以上である場合は、その全体を居住用部分として差し支えないとする取扱い（同通達31の３－８の準用）の適用はないのか疑問が生じます。

しかしながら、この弾力的な取扱いは、あくまでも「その居住の用に供している家屋又は当該家屋の敷地の用に供されている土地等……」（措通31－３－７）（下線は筆者が表記）に関する措置であることから、被相続人居住用家屋の敷地に該当しない貸付けの用に供していた駐車場部分には、この弾力的措置の適用がありません。

したがって、この事例において、全体の譲渡対価が１億円以下の場合であっても、本特例の対象になるのは、貸付け部分を除いた部分になります。

（梶野　泰子）

5－14　相続した敷地の一部を贈与した場合

事　例	判　断
3年前に父が亡くなり、父が一人で住んでいた自宅及びその敷地を甲が相続しました。 甲は、翌年、この家屋を取り壊し、敷地の4分の1を娘の乙に贈与しました（この持分に係る相続税評価額2,400万円、時価2,800万円）。 今年に入って、甲と乙はこの土地を9,800万円で地元の不動産業者に売却しました。 甲と乙はそれぞれの持分の譲渡に対して相続空き家譲渡の特例の適用ができますか。	×

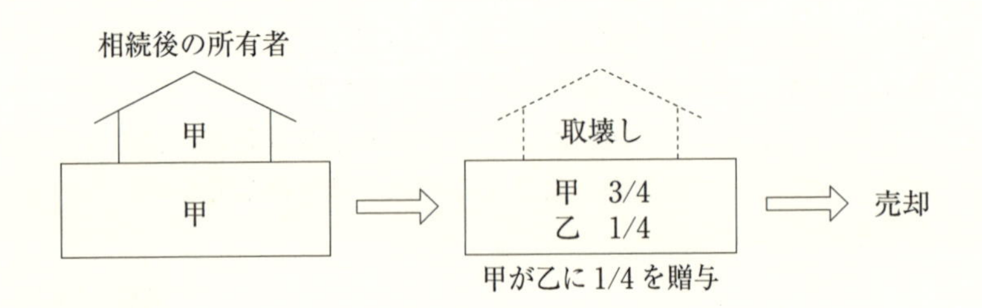

POINT

1　相続した敷地の一部を贈与した場合の留意点

相続空き家譲渡の特例は、譲渡の対価の額が1億円を超えている場合には適用がありません（措法35③）。また、居住用家屋取得相続人が適用前譲渡又は適用後譲渡をした場合は、それらの譲渡の対価の額と対象譲渡に係る対価の額との合計額が1億円を超えることとなったときは、この特例の適用はできません（措法35⑥⑦）。

つまり、この譲渡対価要件は、被相続人居住用家屋及びその敷地を全て一括で売却した場合の対価だけでなく、被相続人の居住用家屋及びその敷地を複数年にわたって分割して譲渡した場合には、特例が適用できる譲渡はそのうちの１回であるにもかかわらず（注１）、その複数回の譲渡対価の額の合計額が譲渡対価要件を満たしている必要があります（注２）。また、被相続人の居住用家屋及びその敷地を分割して譲渡した場合とは、物理的に分割して切り売りする場合のみならず、持分を譲渡する場合も含みます。

（注１）　この１回の適用に関する具体的な適用関係については、事例５－４から事例５－７を参照してください。

（注２）　なお、「適用前譲渡」又は「適用後譲渡」とは、本特例の適用を受ける対象譲渡をした者が、複数回にわたって被相続人居住用家屋等を譲渡した場合のみならず、被相続人居住用家屋等を同じ被相続人から相続により取得した他の相続人が譲渡した場合も含まれます。

さらに、事例５－８で説明したとおり、適用前譲渡又は適用後譲渡には、有償譲渡だけでなく贈与も含まれます。贈与（又は著しく低い価額）の場合の譲渡対価は、その贈与（又は著しく低い価額）による譲渡が行われた時の価額、すなわちその時の時価（通常の取引価額）を適用前譲渡又は適用後譲渡に係る対価の額とすることとされています（措令23⑮）。

２　判　断

まず、譲渡物件は、譲渡時点で甲が４分の３、乙が４分の１の共有により所有していたことになります。

乙は、この物件を甲からの贈与により取得しており、相続により取得していませんので、この特例の適用はありません。

甲は相続により取得した被相続人居住用家屋等を譲渡したことになりますが、今回の譲渡の前にこの物件の一部を乙に贈与していますので、これが適用前譲渡に該当します。この場合の対価は、上記1のとおりその時の時価によります。

したがって、譲渡対価要件は次のとおり判定します。

　　　　対象譲渡の価額　　　　　　　　　　適用前譲渡の価額（贈与時の時価）

7,350万円（=9,800万円 × 3/4） + 2,800万円

= 1億150万円 ＞ 1億円

このように、譲渡物件は全体で1億円以下の価額で売却していますが、本特例の適用をする者（甲）において譲渡対価要件の判定をすると、今回譲渡した分と適用前譲渡を合計すると1億円を超えることになりますので、本特例の適用はできません。

（梶野　泰子）

5－15　売買契約金額以外の別名目で金銭の授受が行われた場合

事　例	判　断
2年前に父が亡くなり、父が一人で住んでいた自宅及びその敷地を私が相続しました。私はすぐにこの家屋を取り壊し、敷地を売りに出したところ、今年早々に売却することができました。 売却価額は相続空き家譲渡の特例の適用を意識して1億円を切る9,950万円で合意しました。 ところで、この土地に対する固定資産税及び都市計画税（以下「固定資産税等」といいます。）については、契約時にはまだ通知が来ていない段階でしたので、後日日割りで精算することで合意しています（覚書作成）。 結局、5月に入って、固定資産税精算金として100万円を受け取ることになりましたが、私はこの譲渡について本特例の適用を受けることはできますか。	

POINT

1　譲渡の対価の意義

相続空き家譲渡の特例は、譲渡の対価の額が1億円を超える場合には適用できません（措法35③）。この譲渡の対価の額とは、名義のいかんを問わず、その実質において、その譲渡をした被相続人居住用家屋又は被相続人居住用家屋等の敷地等の譲渡の対価である金額をいいます（措通35－19）。

したがって、売買契約書に売却金額として記載されている金額に限らず、そのほかに、協力金等の名称で受領することになる金品があれば、それもその資産の譲渡対価の額を構成することになります。

なお、一般に譲渡所得の収入金額も、その資産の譲渡対価の額が収入金額になり、名義・名称にかかわらず、実質的に譲渡対価の額に該当するものは収入金額（譲渡価額）に加算して譲渡所得の計算をすることになります（注）。

（注）例えば、売主がその譲渡所得について本特例をはじめとした各種の特例を受けることを条件に譲渡したが、買主の不手際により結果としてその特例の適用ができなかったため、損害賠償金として負担税額相当を受け取ったような場合、その損害賠償金は譲渡収入に加算されることになります。

2　未経過固定資産税等相当額として受領した金員の性質

固定資産税等は、その賦課期日である毎年1月1日現在において、固定資産課税台帳に所有者として登録されている者に対して課されるものであり（地法343①②ほか）、賦課期日後に所有者が異動した場合であっても、新しく所有者になった者がその年の固定資産税を負担するものではありません。

しかし、不動産の売買において、売主の不動産の所有期間が1年に満たないにもかかわらず、固定資産税等を全額負担するのは不合理であるとして、引渡し日を基準に、売主と買主で固定資産税等を按分して負担することが取引慣行になっています。このように、未経過分の固定資産税等の精算は、あくまでも当事者間の取決めによってされるもので、法律上の根拠があるものではありません。

そうすると、当事者間で授受される未経過分の固定資産税等相当額は、資産の譲渡に基因して受け取る給付であり、実質的に譲渡対価の額であると考えられます（注）。

(注)　授受された未経過固定資産税等相当額について、譲渡所得の収入金額になる旨判断された事例（平14・8・29裁決　裁事64・152)、消費税において資産の譲渡の金額に含まれる旨の取扱い（消基通10－1－6）などがあります。

3　判　断

事例は、資産の売却代金9,950万円とは別の時期に、売買契約及び物件引渡し後に未経過固定資産税等相当額として100万円を受け取っています。この未経過固定資産税等相当額は、上記2のとおり、資産の譲渡対価の額に含まれることになります。

したがって、あなたが譲渡した資産の譲渡の対価は、

9,950万円 ＋ 100万円 ＝ 1億50万円 ＞ 1億円

となり、譲渡対価の額が1億円を超えますので、本特例の適用はできません。

（梶野　泰子）

6　共有で相続した場合

6－1　被相続人居住用家屋と敷地を共有で相続して譲渡した場合

事　例	判　断
去年亡くなった母が所有し、一人で住んでいた家屋とその敷地を相続人である私（兄）と妹の二人で、それぞれ２分の１の持分により取得し、今年、家屋を取り壊して更地にして一緒に売却しました。次のそれぞれのケースについて、相続空き家譲渡の特例の適用を受けることができますか。 〔ケース１〕 譲渡対価が１億1,000万円（１億円超）の場合 〔ケース２〕 譲渡対価が9,000万円（１億円以下）の場合	〔ケース１〕 ✕ 〔ケース２〕 ○

POINT

1　対価要件

（１）　規定の確認

相続空き家譲渡の特例は、租税特別措置法35条３項に「……その譲渡の対価の額が１億円を超えるものを除く。……」と規定されています。したがって、この限りでは、兄と妹の二人の譲渡価額の合計額で判定するのか、それとも、兄と妹が譲渡したそれぞれの持分の対価の額で判定するのかという点が判然としません。

（２）　具体的な適用関係

本特例の対価要件について、租税特別措置法35条６項及び７項に具体的な判定方法が規定されており、本事例は、第6項の適用場面に該当しますので、二人の持分の譲渡対価の額の合計額で判定します(注)。

(注)　被相続人とその相続人とで共有であった場合は、事例5－3を参照してください。

2　特別控除額3,000万円の適用

所得税法や租税特別措置法（所得税関係）は、個々の個人を課税単位として立法されている法律ですので、3,000万円の特別控除も特別な規定がない限り一人一人の個人の譲渡所得に対して適用することが原則となります。ただし、次の事例6－2で触れるように、令和6年1月1日以降の譲渡については、被相続人居住用家屋とその敷地を3人以上の相続人で相続した場合、適用可能な特別控除額が各々2,000万円以下に制限されていますので注意が必要です。

3　判　断

（1）〔ケース1〕

居住用家屋取得相続人に該当する二人が被相続人から相続により取得した被相続人居住用財産に係る持分の譲渡対価の額の合計額が1億円超になっているので、本特例を適用することができません。

（2）〔ケース2〕

二人の持分の譲渡対価の額の合計額が1億円以下であり対価要件を満たしていますので本特例の適用ができます。また、あなたと妹は、それぞれ被相続人居住用家屋と敷地を相続していますので、それぞれの者の譲渡所得の金額から特別控除額3,000万円までを控除できます。

（分銅　雅一）

6－2　共有で相続する者が３人以上いる場合

事　例	判　断
次の場合、私は相続空き家譲渡の特例の適用を受けることにより税負担は生じないと考えてよいですか。 ①　母は10年以上前に父が他界した後、一人で実家に住んでいたが、昨年５月に亡くなった。 ②　母が父から相続していた実家は相続人である私と姉・弟の３人で各３分の１ずつ相続した。 ③　姉・弟と話し合い、実家を売却することとし、私たちの負担で家屋は取り壊し、土地を8,100万円で売却した。 ④　その結果、譲渡契約の金額は、一人当たり2,700万円になった。	✕

POINT

1　共有で相続する者が３人以上いる場合の特例適用の可否

相続空き家譲渡の特例の適用に関する本事例のポイントは、被相続人居住用家屋とその敷地を取得した相続人が３人以上いるという点です。この特例は各相続人（譲渡者）の譲渡所得の金額からそれぞれ3,000万円を上限に特別控除が認められますが、令和５年度税制改正により、令和６年１月１日以後の譲渡から、被相続人居住用家屋及び同敷地を相続により取得した相続人が３人以上の場合には一人当たりの特別控除額の上限が3,000万円から2,000万円と引き下げられました（措法35④）。

2　判　断

被相続人居住用財産（被相続人居住用家屋及びその敷地）を相続により取得した者が３人以上いる場合における本特例の適用において、適用可能な特別控除額は一人当たり2,000万円が上限となりますので注意が必要です。

本事例の場合、総額8,100万円で売却し、１人当たり2,700万円の譲渡収入となっていますが、特別控除額は、2,000万円が限度になります。具体的な取得価額や譲渡費用は分かりませんが、2,000万円を超える部分の譲渡所得の金額が課税の対象になります。

（分銅　雅一）

6－3　家屋は一人の相続人が単独で取得し、その敷地は共有で相続した場合

事　例	判　断
次の場合、私は相続空き家譲渡の特例の適用を受けることができるでしょうか。 ①　母は10年以上前に父が他界した後、一人で実家に住んでいたが、昨年５月に亡くなった。 ②　母が父から相続していた実家は相続人である姉が家屋のみを、私と弟はその敷地のみを相続した。 ③　姉・弟と話し合い、この実家を8,000万円で売却することとし、姉の負担で家屋は取り壊し、土地を引き渡した。	✕

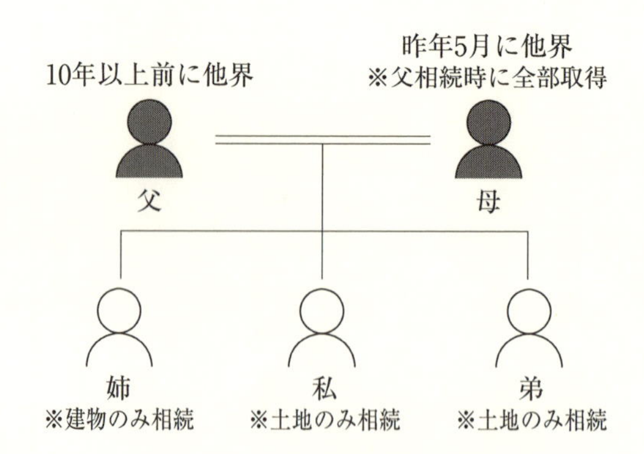

POINT

1　家屋は一人の相続人が単独で取得し、その敷地は共有で相続した場合の適用の可否

相続空き家譲渡の特例に関する租税特別措置法35条３項は、「相続

又は遺贈による被相続人居住用家屋及び被相続人居住用家屋の敷地等の取得をした相続人が……」と規定しています。

本事例に置き換えると、相続開始時点においては被相続人居住用家屋が存在し、それを姉が相続し、あなたと弟は当該敷地のみを相続しています。この特例のポイントは、前記のとおり被相続人居住用家屋及び同敷地の両方を相続した相続人のみが適用できる点にあります。

したがって、**事例１－１**のケースと同様に、姉は被相続人居住用家屋のみを相続しているため、また、あなたと弟は被相続人居住用家屋の敷地等のみを取得しているため、本特例の適用対象とはなりません。

それでは、あなたや弟が母の生前から当該家屋の持分を所有していれば適用はできたのでしょうか。この点についても、租税特別措置法35条３項柱書に「相続又は遺贈（……）による被相続人居住用家屋及び被相続人居住用家屋の敷地等の取得をした相続人（包括受遺者を含む。……）が、…」（下線は筆者が表記）とあるため、やはり本特例の適用を受けることはできません。

２　判　断

一人の相続人が敷地を取得することなく家屋だけを単独で取得し、その敷地を他の相続人が取得した場合、いずれの相続人もこの特例の適用ができません。すなわち、本特例の適用を受けるためには、被相続人居住用家屋とその敷地の両方を相続により取得したことが必要です。

（分銅　雅一）

6－4　家屋と敷地を共有で相続した後、家屋を取り壊し、敷地を共有のまま分筆して、一部を譲渡した場合

事　例	判　断
次の場合、私は相続空き家譲渡の特例の適用を受けることができるでしょうか。 ①　母は10年以上前に父が他界した後、一人で実家に住んでいたが、昨年５月に亡くなった。 ②　この実家（家屋及びその敷地）は相続人である私と姉・弟の３人で各３分の１ずつ相続した。 ③　姉・弟と話し合い、私たち３人の負担で家屋を取り壊し、土地を半分に分筆した上で、その一方を4,000万円で譲渡した（敷地全体の価値は8,000万円）。	○

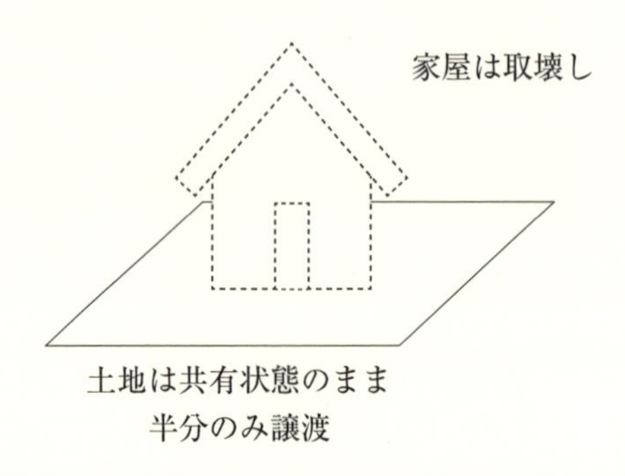

POINT

1　家屋と敷地を共有で相続した後、家屋を取り壊し、敷地を共有のまま分筆して、一部を譲渡した場合の適用の可否

（1）　敷地（更地）の一部譲渡に対する特例適用

相続空き家譲渡の特例の適用要件を踏まえた場合、この事例のよう

に、被相続人居住用家屋の敷地等の全部を譲渡していない場合においても本特例を適用できるのでしょうか。すなわち、相続開始時点においては被相続人居住用家屋が存在し、それをあなたたちが相続し、売買契約締結後、家屋を取り壊し更地として半分のみを買主に譲渡した場合について、本特例の適用の可否を検討することになります。

この点、譲渡価額（１億円以下）の要件も考慮する必要はありますが、この事例のように全体の価値が１億円以下である限りにおいて、共有状態のものを分筆して一部のみを譲渡しても、特例の適用を受けることはできます（この事例については、適用後譲渡があったとしても、対価要件に抵触する可能性は極めて低いと思われます。）（注）。

（注）　対価要件に関する事例判断は、**事例５－１**ほかを参照してください。

ただし、被相続人居住用財産を相続により取得した者が３人以上いるため、**事例６－２**で解説したとおり、特別控除額の上限が2,000万円となることに留意する必要があります。

（２）　利用制限との関係

さらに、この事例に関しては、相続後における利用制限との関係にも注意することが必要です。

租税特別措置法関係通達35－17《被相続人居住用家屋の敷地等の一部の譲渡》の（３）は、被相続人居住用家屋の全部を取り壊した後、その敷地の一部を譲渡した場合について、その相続人（譲渡者）が単独で取得した場合と複数の相続人により共有で取得した場合に分けて、その取扱いを明らかにしています（この利用制限に関する事例判断については、**事例７－１～７－４**を参照してください。）。

なお、この事例は、上記通達（３）ロの取扱いにより判定することになりますので、敷地の全部について利用制限に抵触しないことが必要です。

2　判　断

被相続人居住用家屋とその敷地を共有で相続した後、家屋を取り壊し、敷地を共有のまま分筆して、その一部を譲渡した場合、譲渡価額の要件（対価要件1億円以下）及び相続開始後の利用制限要件に抵触していなければ、この特例の適用を受けることができます（注）。

ただし、この事例では、相続による取得者が3人いますので、各人の特別控除額の上限は2,000万円になります。

(注)　現に被相続人居住用家屋がある敷地等の一部の譲渡である場合には、①家屋とともにその敷地の一部譲渡が行われた場合は本特例適用が可能ですが、②家屋とともに譲渡されずに、敷地の一部だけが譲渡された場合には本特例の適用ができません（措通35−17(2)イ・ロ)。

（分銅　雅一）

6－5　家屋と敷地を共有で相続した後、家屋を取り壊して敷地を分筆し、各相続人の単独所有としたが、相続人の一人が譲渡前に敷地を貸し付けていた場合

事　例	判　断
次の場合、私は相続空き家譲渡の特例の適用を受けることができるでしょうか。 ①　母は実家（母所有の家屋と敷地）に一人で住んでいたが、昨年5月に亡くなった。 ②　実家は相続人である私と姉・弟の3人で各3分の1ずつの共有で相続した。 ③　3人で話し合い、私たちの負担で家屋は取り壊し、土地を共有物分割によって3分の1ずつに分筆して、それぞれの単独所有とした。 ④　その後、姉と私は6,000万円で分筆後の土地を一緒に譲渡したが、弟は、分筆後に当該敷地を駐車場用地として貸し出していた（敷地全体の価値は9,000万円）。	×

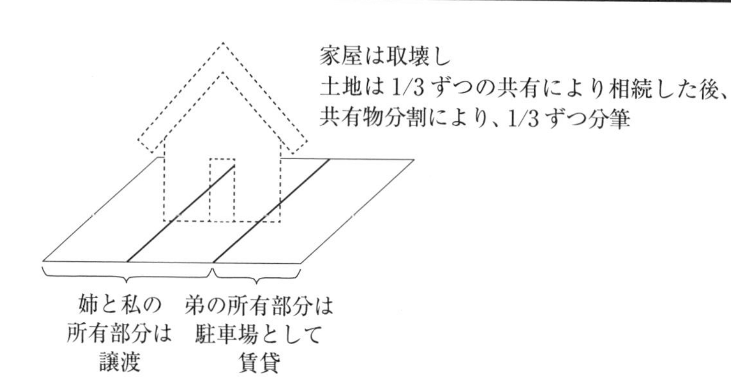
家屋は取壊し
土地は1/3ずつの共有により相続した後、
共有物分割により、1/3ずつ分筆
姉と私の
所有部分は
譲渡
弟の所有部分は
駐車場として
賃貸

POINT

１　家屋と敷地を共有で相続した後、家屋を取り壊して敷地を分筆し、各相続人の単独所有としたが、相続人の一人が譲渡前に敷地を貸し付けていた場合の特例の適用の可否

（１）　利用制限

相続空き家譲渡の特例には、租税特別措置法35条４項２号ロの規定により、「当該相続の時から当該譲渡の時まで事業の用、貸付の用又は居住の用に供されていたことがないこと」が要件の一つになっています（この利用制限の関係については、事例７－１～７－４を参照してください。）。

この事例のように被相続人居住用家屋の敷地等の一部を相続人の一人が駐車場用地として賃貸していて、結果的に被相続人居住用家屋の敷地等の全部を譲渡していない場合においても本特例は適用できるのでしょうか。この点、譲渡価額（１億円以下）の要件も考慮する必要はありますが、本事例のように全体の価値が１億円以下である限りにおいて、共有状態のものを共有物分割した上で、分筆してそれぞれの単独名義にし、その一部のみを譲渡しても、「一定の条件」を満たしている場合には、本特例の適用を受けることはできます。その「一定の条件」とは、この事例のように、２人以上の相続人が、その敷地全部を一度共有で相続により取得していると、その後に、共有物分割を行い、一部の相続人が取得した部分を譲渡した場合、譲渡していない相続人が取得した部分についても利用制限要件に抵触しないことが必要とされています（措通35―17(３)ロ）。

すなわち、被相続人居住用家屋の敷地を複数の相続人が共有で取得した場合には、本特例の利用制限は、その被相続人居住用家屋の敷地全部について満たしておく必要があることから、譲渡していない部分についても利用制限要件を満たしていることが必要です。

（２）　特別控除の額

この事例においては結果的に特例適用対象者が２人になりますが、

令和５年度税制改正により、令和６年１月１日以後の譲渡から、相続により被相続人居住用家屋及び同敷地等の取得をした相続人の数が３人以上である場合には、一人当たりの特別控除額の上限が3,000万円から2,000万円に引き下げられています（措法35④）。したがって、あなたと姉の特別控除額の上限は2,000万円となることに留意する必要があります。

２　判　断

（１）　特例適用の可否

本事例では、相続人３人が、相続によりその敷地全部を一度共有で取得しています。その後、共有物分割をしても、あなたと姉が土地を譲渡する前に弟が取得した土地の部分を駐車場として賃貸の用に供していますので、あなたと姉は本特例の適用を受けることはできません。

なお、あなたと姉が土地を譲渡した後に弟がこの土地を駐車場の用に供した場合であれば、あなたと姉は本特例の適用を受けることができます（譲渡後に弟が土地を賃貸の用に供したことが、あなた方の特例の適用に影響を与えることはありません。）。

また、当初から３人別々に分筆して取得していれば、利用制限に関する判定は各人別に行うことが可能です（措通35－17（３）イ（注））。したがって、遺産分割協議を行う際には、遺産の分け方だけに留まらずに、取得した財産に関するその後における売却予定の有無や利用方法などについても慎重に検討する必要があります。

（２）　特別控除の額

上記１（１）の「一定の条件」を満たしている場合には、あなたと姉は本特例の適用を受けることができますが、特別控除額は、被相続人居住用財産（被相続人居住用家屋及び同敷地）を相続により取得した者が３人いますので、弟が、この土地を譲渡するか否か、また、本特例を適用できるか否かにかかわらず、あなたと姉の適用可能額は各人2,000万円が上限額となります。

（分銅　雅一）

７　相続後の利用制限

７－１　相続後に無償で貸し付けた場合

事　例	判　断
次の場合、私は相続空き家譲渡の特例の適用を受けることができるでしょうか。 ①　私は、昨年３月に亡くなった父が一人で住んでいた家屋とその敷地を相続により全部取得した。 ②　その家屋に、大学に通学するため上京した私の子に無償で居住させた。その後、その子が転居したことから家屋を取り壊して更地にした。 ③　本件敷地について本年11月に売却した。	×

POINT

１　相続の時から譲渡の時までの利用制限

（１）　被相続人居住用家屋及び被相続人居住用家屋の敷地等

被相続人居住用家屋と被相続人居住用家屋とともにする被相続人居住用家屋の敷地等の譲渡については、相続の時から当該譲渡の時まで事業の用、貸付けの用又は居住の用に供されていたことがないことが要件とされています（措法35③一イ・三）。

（２）　被相続人居住用家屋の全部の取壊し等をした後の被相続人居住用家屋の敷地等

被相続人居住用家屋については、相続の時から取壊し、除却又は滅失の時まで事業の用、貸付けの用又は居住の用に供されていたことがないこと、被相続人居住用家屋の敷地等については、相続の時から当該譲渡の時まで事業の用、貸付けの用又は居住の用に供されていたことがないことが要件とされています（措法35③二イロ）。

2　一時的利用と無償使用について

上記1の「事業の用、貸付けの用又は居住の用に供されていたことがないこと」の要件の判定に当たっては、相続の時から譲渡の時までの間に、被相続人居住用家屋又は被相続人居住用家屋の敷地等が事業の用、貸付けの用又は居住の用として一時的に利用されていた場合であっても、事業の用、貸付けの用又は居住の用に供されていたこととなり、さらに、貸付けの用には、無償による貸付けも含まれます（措通35―16）。

3　判　断

本事例においては、被相続人居住用家屋を取り壊すまで、あなたの子に家屋を無償で貸し付けており、相続の時から譲渡の時までの利用制限に抵触することから、この特例の適用を受けることはできません。

（山岡　美樹）

7－2　家屋を取り壊してその一部を駐車場として貸し付け、残りの敷地を譲渡した場合

事　例	判　断
次の場合、私は相続空き家譲渡の特例の適用を受けることができるでしょうか。 ①　私は、昨年3月に亡くなった父が一人で住んでいた家屋とその敷地200m^{2}を相続により全部取得した。 ②　その家屋を取り壊して更地にした上で、その敷地のうち80m^{2}を駐車場として貸し付けた。 ③　残り120m^{2}について本年11月に売却した。	×

POINT

1　被相続人居住用家屋の敷地等の一部の譲渡

被相続人居住用家屋の取壊し等をした後に、被相続人居住用家屋の敷地等を譲渡する場合（更地の譲渡の場合）の利用制限の要件については事例7－1の説明を参照してください。

ここでは、被相続人居住用家屋の全部の取壊しをした後における被相続人居住用家屋の敷地等の一部の譲渡である場合について、相続空き家譲渡の特例における利用制限との関係について説明します。

被相続人居住用家屋の敷地等を単独で取得した相続人がその取得した敷地等の一部を譲渡したときの相続の時から譲渡の時までの利用制限の要件は、相続人が相続により取得した被相続人居住用家屋の敷地等の全部について満たしておく必要があります。このため、被相続人居住用家屋の敷地等のうち譲渡していない部分についても、この更地の譲渡の場合の利用制限の要件を満たさない限り、この要件を満たす

譲渡に該当しないこととなります（措通35−17(3)イ）。

2　判　断

本事例においては、被相続人居住用家屋の敷地等を相続により単独で取得したあなたが、譲渡していない部分（80m^2）を、相続の開始の時から譲渡の時までの間に駐車場として貸し付けていることから、この特例の適用を受けることはできません。

なお、当該敷地を一部譲渡した後に残った敷地の利用制限については、事例７−４を参照してください。

（山岡　美樹）

７－３　他の相続人が敷地の一部を分筆取得し、当該相続人がその部分を駐車場として貸し付け、残りの敷地を譲渡した場合

事　例	判　断
次の場合、私は相続空き家譲渡の特例の適用を受けることができるでしょうか。 ①　私は、昨年３月に亡くなった父が一人で住んでいた家屋とその敷地300m²（２筆に分筆）のうち200m²を、残りの敷地100m²を私の妹がそれぞれ相続により取得した。 ②　妹は取得した敷地100m²をコインパーキングとして貸し付けた。 ③　私は家屋を取り壊して更地にした上で、取得した敷地を本年11月に売却した。	○

POINT

１　被相続人居住用家屋の敷地等の一部の譲渡

被相続人居住用家屋の取壊し等をした後に、被相続人居住用家屋の敷地等を譲渡する場合（更地の譲渡の場合）の利用制限の要件については事例７－１の説明を、被相続人居住用家屋の敷地等を単独で取得した相続人がその取得した敷地等の一部を譲渡したときの相続の時から譲渡の時までの利用制限の要件については事例７－２の説明を参照してください。

この事例については、被相続人居住用家屋の敷地等を分筆してそれぞれ異なる相続人（２以上の相続人）が取得した場合の相続の時から

譲渡の時までの利用制限の要件は、相続により取得した取得者ごとに判定するのかという点が問題となります。

2　他の相続人が貸付けの用に供した場合

被相続人居住用家屋の敷地等のうち相続空き家譲渡の特例を受ける相続人以外の者が相続により取得した部分があるときは、その部分（妹が取得した100m^{2}部分）の利用状況にかかわらず、本特例の適用を受ける相続人が相続により取得した被相続人居住用家屋の敷地全部について本特例の利用制限の要件を満たしている限り、その譲渡は本特例の譲渡に該当します。なぜなら、あなた自身は、相続により取得した当該敷地の利用制限に抵触していないからです（換言すると、妹が分割して取得した当該敷地の利用は、あなたの対象譲渡に関する利用制限とは関係してこないということです。）。この点は、租税特別措置法関係通達35－17(３)イの注書によって確認できます。

3　判　断

本事例においては、妹が分筆して取得した部分を、相続の開始の時から譲渡の時までの間に駐車場として貸し付けていますが、あなたは取得した家屋とその敷地について、本特例（更地の譲渡の場合）の利用制限の要件を満たしていることから、この特例の適用を受けることができます（注）。

（注）　当該敷地を複数の相続人が共有で取得し、その一の敷地を共有のまま分筆して譲渡した場合は、当該敷地全部が利用制限に抵触していないことが必要です（措通35－17(３)ロ）。

（山岡　美樹）

7－4　家屋を取り壊して敷地の一部を譲渡した後に、残りの敷地を駐車場として利用した場合

事　例	判　断
次の場合、私は相続空き家譲渡の特例の適用を受けることができるでしょうか。 ①　私は、昨年3月に死亡した父が一人で住んでいた家屋とその敷地300m^{2}を相続により全部取得した。 ②　その家屋を取り壊して更地にした上で、その敷地のうち200m^{2}を本年11月に売却した。 ③　売却後残り100m^{2}について駐車場として貸し付けた。	○

POINT

1　敷地の一部譲渡における譲渡していない部分の利用制限

被相続人居住用家屋の敷地等を単独で取得した相続人がその取得した敷地等の一部を譲渡したときの相続の時から譲渡の時までの利用制限の要件については事例7－2の説明のとおり、相続人が相続により取得した被相続人居住用家屋の敷地等の全部について満たしておく必要があります。

ただし、この利用制限の要件は、「相続の時から譲渡の時までの間、空き家同様に何らの用途にも供されない土地、家屋を前提とする特例であることから、」（佐藤誠一郎編『令和4年版　譲渡所得・山林所得・株式等の譲渡所得関係　租税特別措置法通達逐条解説』544頁（大蔵財務協会、2022））その判定の期間は「相続の時から譲渡の時までの間」に限られます。

2　判　断

本事例においては、あなたは被相続人居住用家屋の敷地等を相続により単独で取得し、かつ、相続で取得した被相続人居住用家屋の敷地の全てを相続の時から譲渡の時までの利用制限の要件を満たしていることから、譲渡していない部分を被相続人居住用家屋の敷地の譲渡後に駐車場として利用しても、本特例の適用を受けることができます。

（山岡　美樹）

8　譲渡先の要件（制限）

８－１　内縁関係にある者に対して譲渡した場合

事　例	判　断
昨年亡くなった父（甲）には、同居はしていないものの、内縁関係（婚姻の届出はしていないが事実上婚姻関係と同様の事情にある者）にあるＡ及びＡの親族でＡと生計を一にしているＢがいました。 父（甲）が一人で住んでいた家屋と敷地は唯一の法定相続人である私（乙）が全て相続し、その後空き家となっていましたが、この度、その居宅を父（甲）と内縁関係にあったＡに売却することを検討しています。 この場合、私（乙）は相続空き家譲渡の特例を適用することはできますか。	○

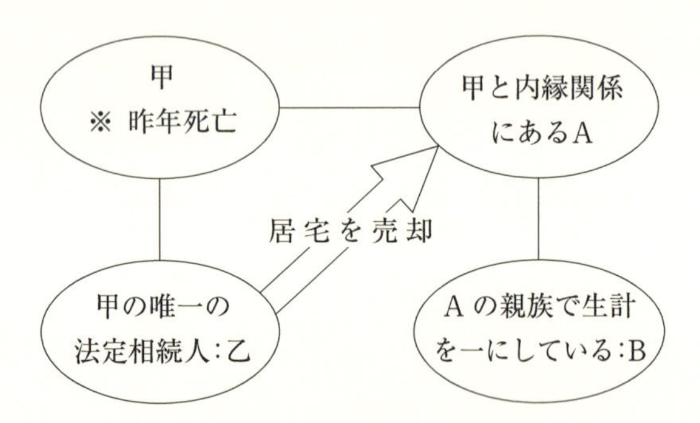

POINT

1　譲渡先の制限（特例の適用制限を受ける対象者）

相続空き家譲渡の特例は、被相続人居住用家屋又は同敷地を一定の者（譲渡者の配偶者その他特別関係者）に対して譲渡した場合には適用することができません（措法35②一（注）、措令23②・20の3①）。

（注）　この第2項は本人居住用財産の譲渡に関する規定になっていますが、その1号かっこ書に「…次項において同じ。」と規定されています。

この適用制限の対象となる譲渡先の具体的な範囲は、次のとおりです。なお、親族の範囲については、設問末尾の図を参照してください。

①　本特例を受ける者（譲渡者）の配偶者及び直系血族（措令20の3①一）

②　本特例を受ける者（譲渡者）の親族で生計を一にしている者（措令20の3①二）

③　本特例を受ける者の親族でその者と被相続人居住用家屋に居住することとなる者（措令20の3①二）

④　本特例を受ける者と婚姻の届出はしていないが同様の事情にある者及びその者の親族でその者と生計を一にしている者（措令20の3①三）

⑤　本特例を受ける者と特殊の関係にある法人（措令20の3①五）（注）

（注）　特殊の関係にある法人については事例8－3を参照してください。

2　「生計を一にする」の意義

ここで、上記1の②、④の要件になっている「生計を一にする」の意義について触れておきます。

「生計を一にする」の意義を所得税基本通達2－47《生計を一にするの意義》は、次のように定めています。

> 法に規定する「生計を一にする」とは、必ずしも同一の家屋に起居していることをいうものではないから、次のような場合には、それぞれ次による。
>
> (1)　勤務、修学、療養等の都合上他の親族と日常の起居を共にしてい

ない親族がいる場合であっても、次に掲げる場合に該当するときは、これらの親族は生計を一にするものとする。

イ　当該他の親族と日常の起居を共にしていない親族が、勤務、修学等の余暇には当該他の親族のもとで起居を共にすることを常例としている場合

ロ　これらの親族間において、常に生活費、学資金、療養費等の送金が行われている場合

（2）親族が同一の家屋に起居している場合には、明らかに互いに独立した生活を営んでいると認められる場合を除き、これらの親族は生計を一にするものとする。

このように、「生計を一にする」の意義は、日常の生活の資を共にすることをいいます。そして、仮に勤務の都合により家族と別居している又は親族が修学、療養などのために別居している場合でも、①生活費、学資金又は療養費などを常に送金しているときや、②日常の起居を共にしていない親族が、勤務、修学等の余暇には他の親族のもとで起居を共にしているときは、「生計を一にする」ものとして取り扱われます。

3　判　断

本事例の場合、Aとの関係に関して、婚姻の届出はしていないが事実上婚姻関係にあったのは被相続人甲であって、譲渡者である乙とAが内縁関係にあった訳ではありません（上記「1④」の要件には該当しません。）。したがって、乙の譲渡には本特例を適用することができます。

なお、乙がAと生計を一にしていたBに対して譲渡した場合についても同様です。

〈親族の範囲〉

・親族とは、⑴配偶者、⑵6親等内の血族、⑶3親等内の姻族をいいます。
・□：血族　○：姻族
・網かけ：直系

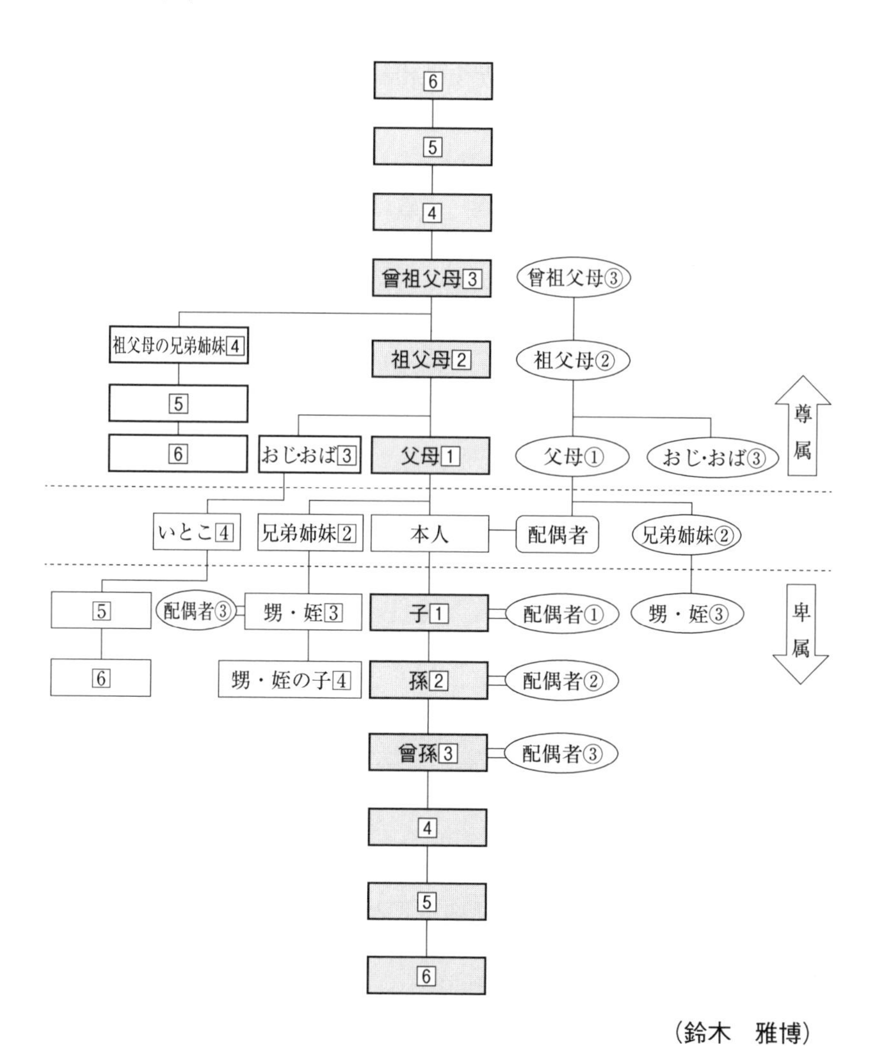

（鈴木　雅博）

８－２　生計を一にしない親族に対して譲渡した場合

事　例	判　断
父（甲）が亡くなり、父（甲）が一人住まいをしていた家屋とその敷地を私（乙）が全て相続しました。 しばらくしたら（相続空き家譲渡の特例の適用が可能な期間中に）、私（乙）はその家屋を取り壊し、兄である丙（生計を一にしていない親族）に敷地を譲渡するつもりです。 この場合、私（乙）はこの特例を適用することができるのでしょうか。	○

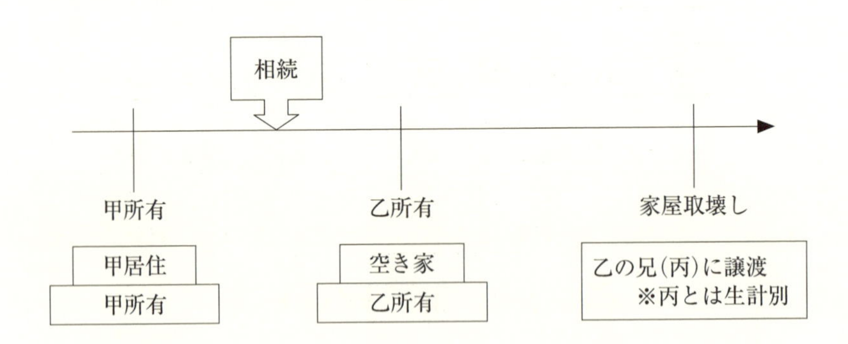

POINT

１　譲渡先として制限を受ける対象者

相続空き家譲渡の特例を適用することができないとされている譲渡先に関する制限要件は、事例８－１の１の①～⑤に記載したとおりです。その要件の一つに「本特例を受ける者の親族で生計を一にしている者」が規定されています。

しかしながら、本事例の場合は、譲渡先が乙の親族である兄であったとしても、生計を一にしない親族になっています（注）。

（注）「生計を一にする」の意義については、事例８－１の２を参照してください。

２　判　断

丙は、乙の親族であるものの、乙と生計を一にしていないことから丙に対する被相続人居住用家屋の敷地の譲渡は、その他の要件を満たせば、本特例の適用を受けることができます。

（鈴木　雅博）

８－３　相続空き家を同族会社に譲渡した場合

事　例	判　断
次の場合、乙は相続空き家譲渡の特例の適用を受けることができるでしょうか。 ①　乙は、昨年５月に亡くなった母（甲）が一人で住んでいた家屋とその敷地を全部取得した。 ②　その家屋を取り壊して更地にした上で、その全ての敷地を本年11月にＡ社に売却した。 ③　売却先であるＡ社の株主構成は次のとおり（図２参照）。 ＜Ａ社　株主構成＞ 乙　　株式保有割合30% Ｂ社　株式保有割合40% 丙　　株式保有割合20% 丁　　株式保有割合10% なお、株主であるＢ社は乙が発行済株式総数の70%を保有する法人であり、丙・丁は、乙とは親族等の特別の関係にある個人には該当しない。	✕

POINT

事例８－１で触れた被相続人居住用家屋の敷地の譲渡先となった法人で、本特例が適用されない「特殊の関係にある法人」は、次の３つのパターンに分けられます（措法35②一、措令23②・20の３①、法令４②）。

１　パターン１

本特例の適用ができないことになる譲渡先の法人となる「（譲渡者

と）特殊の関係がある法人」とは、被相続人居住用家屋及び同敷地を相続した者に関して、その家屋（所定のリフォームが必要）又はその敷地を譲渡した先が、譲渡者などの一定の範囲の者を判定の基礎とした場合において、その法人の発行済株式（出資）の総数（総額）の50%超の数（金額）の株式（出資）を有することになる法人又は議決権の総数の50%超の数を有する法人（以下「Ｂ社」とします。）をいいます。

その譲渡者が、特殊の関係にある法人に該当するＢ社に対して当該家屋又は敷地を譲渡した場合には本特例の適用を受けることはできません。なお、その法人が「自己株式」を有している場合は、その株式数等を発行済株式数から控除して判定します。

（図１）

被相続人居住用家屋及び敷地を相続した者が、Ｂ社の発行済株式総数の60%を保有する場合

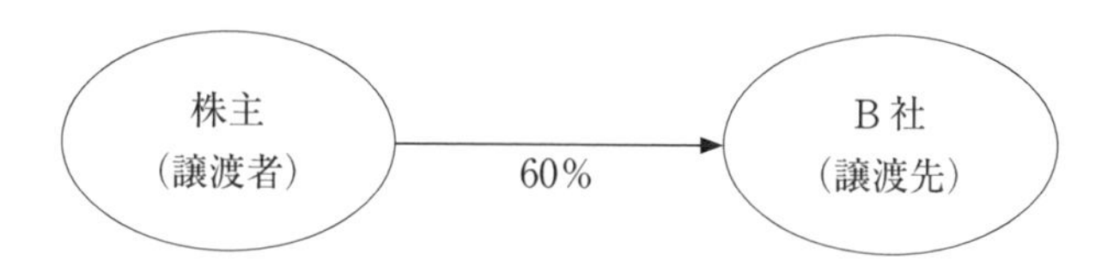

２　パターン２

被相続人居住用家屋及び敷地を相続により取得した者と上記パターン１におけるＢ社が、発行済株式（出資）の総数（総額）の50%超の数（金額）の株式（出資）を有する法人又は議決権の総数の50%超の数を有する法人（以下「Ａ社」とします。）も「特殊の関係にある法人」に該当します。

本事例のケースは、このパターンに該当します。

（図２）

被相続人居住用家屋及び敷地を相続した者が譲渡先であるＡ社の発行済株式総数の30％、Ｂ社がＡ社の発行済株式総数の40％を保有する場合

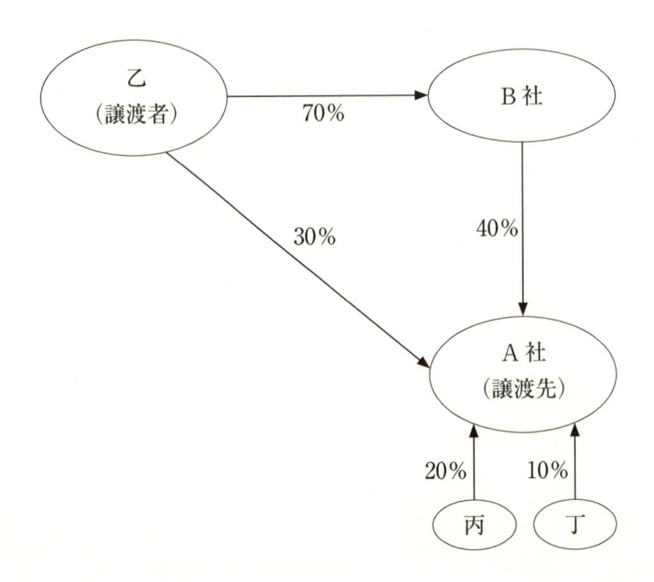

３　パターン３

被相続人居住用家屋及び同敷地を相続により取得した者と、上記パターン１及びパターン２におけるＢ社・Ａ社が、発行済株式（出資）の総数（総額）の50％超の数（金額）の株式（出資）を有する法人又は議決権の総数の50％超の数を有する法人（以下「Ｃ社」とします。）も、特殊の関係にある法人に該当します。

乙がＣ社に対して当該家屋及び敷地を譲渡した場合には相続空き家譲渡の特例の適用を受けることができません（措法35②一、措令23②・20の３①、法令４②）。

（図3）

被相続人居住用家屋及び敷地を相続した者がC社の発行済株式総数の30%、A社がC社の発行済株式総数の30%を保有する場合

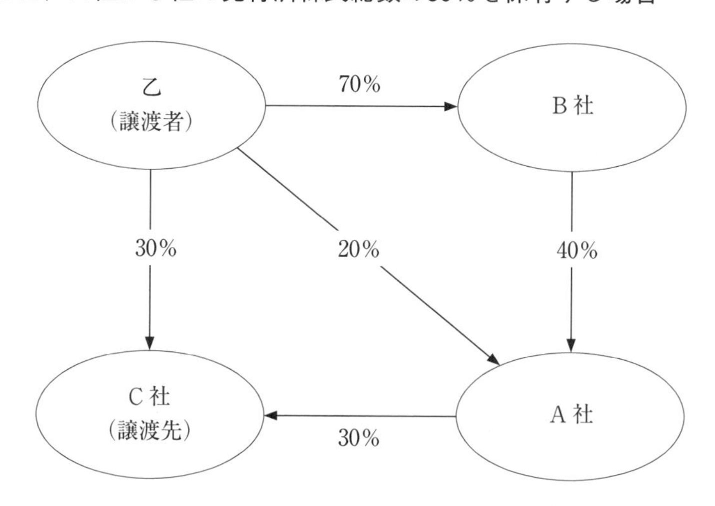

4　判　断

本事例の場合、A社は本特例が適用されない譲渡先である「(譲渡者と）特殊の関係にある法人」のパターン2に該当します。

このため、乙は本特例の適用を受けられません。

（鈴木　雅博）

9　他の特例との適用関係

9－1　相続税の取得費加算の特例との適用関係

事　例	判　断
相続税の取得費加算の特例と相続空き家譲渡の特例を併用することはできないと聞いています。 次の場合、私は相続空き家譲渡の特例の適用を受けることができるでしょうか。 ①　私は、昨年3月に亡くなった父が一人で住んでいた家屋とその敷地を相続により全部取得した。 ②　父の相続税の申告に係る納税資金を確保する必要があったので、相続により取得した上記の家屋を取り壊して敷地を売却した。 ③　相続税の取得費加算の特例を基に計算した譲渡所得の金額より、相続空き家譲渡の特例を適用した方が譲渡所得の金額が少ない。	○

POINT

1　相続税の取得費加算の特例

相続による財産の取得をした個人で相続税額がある者が、相続の開始があった日の翌日から相続税の申告期限の翌日以後3年を経過する日までの間に、相続税額に係る課税価格の計算の基礎に算入された資産の譲渡をした場合には、譲渡所得に係る所得税法33条3項の規定の適用については、同項に規定する取得費は、この取得費に相当する金額に相続税額のうち譲渡をした資産に対応する部分として政令で定めるところにより計算した金額を加算した金額となります（措法39①）（注）。

（注）　所定の申告手続が必要です（措法39②）。

そこで、同特例と相続空き家譲渡の特例と併用して適用できるかが問題となります。

2　相続空き家譲渡の特例の対象譲渡

相続空き家譲渡の特例は、相続による被相続人居住用家屋及び被相続人居住用家屋の敷地等の取得をした相続人が、平成28年４月１日から令和９年12月31日までの間に、相続の開始があった日から同日以後３年を経過する日の属する年の12月31日までの間にした譲渡をした場合に適用されますが、同特例の対象譲渡からは、上記１の相続税の取得費加算の特例の適用を受けるものは除かれています（措法35③）。

3　判　断

上記２により①相続税の取得費加算の特例と②相続空き家譲渡の特例の適用は選択適用となっています。

本事例において、あなたは、①の特例の適用を受けずに②の特例の適用のみを受けるとしていることから、②の特例の適用を受けることができます。

（山岡　美樹）

9－2　店舗兼住宅の場合の相続税の取得費加算の特例との適用関係

事　例	判　断
次の場合、私は相続空き家譲渡の特例の適用を受けることができるでしょうか。 ①　私は、昨年3月に亡くなった父が一人で住んでいた店舗兼住宅とその敷地を相続により全部取得した。 ②　父の相続税の申告に係る納税資金を確保する必要があるので、相続により取得した上記の家屋を取り壊して敷地を売却した。 ③　父が居住の用に供していた部分には相続空き家譲渡の特例を適用し、父が居住の用に供していなかった店舗部分には相続税の取得費加算の特例の適用を受けることとした。	○

POINT

1　相続税の取得費加算の特例との適用関係

相続空き家譲渡の特例の対象譲渡から、相続税の取得費加算の特例の適用を受けるものは除かれており、相続空き家譲渡の特例と相続税の取得費加算の特例とは選択適用の関係である点については事例9－1の説明を参照してください。

事例の店舗兼住宅の場合、非居住用部分（店舗部分）について相続税の取得費加算の特例の適用を受けた場合に、居住用部分に相続空き家譲渡の特例の適用が受けられないのかが問題となります。

2　居住用部分と非居住用部分がある場合の相続空き家譲渡の特例の適用

相続空き家譲渡の特例の適用に当たっては、相続の開始の直前において被相続人の居住の用に供されていた部分のみが被相続人居住用家屋又は被相続人居住用家屋の敷地等に該当するものとされています（措令23④⑤）。このため、相続の開始の直前において被相続人の居住の用に供されていなかった部分は、同家屋又は同敷地等に該当しないことから、この特例の適用対象とはなりません。

一方、相続の開始があった日の翌日から相続税の申告期限の翌日以後3年を経過する日までの間に相続税額に係る課税価格の計算の基礎に算入された資産の譲渡をした場合には相続税の取得費加算の特例の適用を受けることができます（措法39①）。

3　判　断

この事例において譲渡した更地全体に相続税の取得費加算の特例を適用することは可能ですが、居住用部分については、相続空き家譲渡の特例と併用することができません。したがって、居住用部分については、相続税の取得費加算の特例を受けないことから相続空き家譲渡の特例の適用を受けることができます。

一方、店舗部分（非居住用部分）については、相続空き家譲渡の特例の対象外であり（選択適用の問題は生じません。）、相続税の取得費加算の特例を受けることができます。

（注）　店舗兼住宅については、対価要件（譲渡価額1億円以下）に係る対価の額の判定との関係が生じてきますので、事例5－2を参照してください。

（山岡　美樹）

9－3　相続空き家譲渡の特例否認による修正申告書を提出する場合の相続税の取得費加算の特例の適用の可否

事　例	判　断
次のケースについて、修正申告で相続税の取得費加算の特例の適用を受けることができますか。 ①　私は、２年前の３月に亡くなった父が一人で住んでいた家屋と敷地を相続により全部取得した。 ②　上記の家屋を取り壊して敷地の一部を２年前の10月に売却し、相続空き家譲渡の特例の適用を受けて申告を行った。 ③　昨年残りの敷地の譲渡を行ったが、その申告の際に、前回の譲渡の申告において控除しきれなかった特別控除額の残額について同特例を適用して申告を行ったところ、税務署から否認の指摘を受けた。 ④　私は、その修正申告において相続税の取得費加算の特例の適用を行う予定でいる。	

POINT

1　相続空き家譲渡の特例

この特例は、相続による被相続人居住用家屋及びその敷地等を取得した相続人が、平成28年４月１日から令和９年12月31日までの間に、相続の開始があった日から同日以後３年を経過する日の属する年の12月31日までの間に同家屋又は同敷地を譲渡した場合に適用されます。ただし、相続人が既にその相続に係る被相続人居住用家屋又は被相続人居住用家屋の敷地等の対象譲渡について、この特例の適用を受けている場合、本特例を適用することはできません（措法35③）。

この事例の場合、残りの敷地の譲渡については、この特例の適用が受けられないことから、修正申告を行う場合に相続税の取得費加算の特例の適用が受けられるかが問題となります。

2　相続税の取得費加算の特例と修正申告

相続税の取得費加算の特例については事例９－１の説明を参照してください。ここでは、修正申告を行う場合においても同特例の適用ができるかについて説明します。

相続税の取得費加算の特例規定は、この特例の適用を受けようとする年分の確定申告書又は修正申告書に、この特例の適用を受けようとする旨の記載があり、かつ、譲渡所得の金額の計算に関する明細書その他財務省令で定める書類の添付がある場合に限り適用されます（措法39②）。ここで、修正申告書については、同項かっこ書に、所得税法151条の4第1項、すなわち、国外転出時課税に係る相続により取得した有価証券等の取得費の額に変更があった場合等の修正申告の特例の規定により提出するものに限られている点に注意が必要です。

3　判　断

修正申告において相続税の取得費加算の特例の適用をできるのは、所得税法151条の4第1項の規定により提出するものに限られることから、相続税の取得費加算の特例を適用して修正申告を行うことはできません。

（山岡　美樹）

9－4　本人居住用財産の特例との適用関係

事　例	判　断
昨年父が亡くなり、父が一人で住んでいた自宅とその敷地を私が相続しました。この自宅は耐震基準を満たしていない古い家屋なので、取り壊して敷地を売却する予定です。 また、現在私が居住しているマンションが手狭になってきたので、住み替えを検討しています。 父から相続した土地の売却と、自分のマンションを売却した場合には、それぞれ譲渡所得の特例があると聞いていますが、これらの特例を同じ年に適用できますか。	○

POINT

1　本人居住用財産を譲渡した場合の3,000万円の特別控除の特例と相続空き家譲渡の特例との関係

本人（自己）の居住用財産を譲渡した場合の3,000万円の特別控除の特例と相続空き家（被相続人居住用財産）譲渡の特例は同じ租税特別措置法35条に規定されています。同条１項に、「……居住用財産を譲渡した場合に該当することとなった場合には、……」譲渡益から3,000万円（譲渡益が3,000万円に満たない場合はその金額を限度）を控除することとされ、同条２項に本人居住用財産を譲渡した場合、同条３項に被相続人居住用財産を譲渡した場合に関する特例がそれぞれ規定されています。なお、同条３項は、相続により取得した被相続人居住用家屋又はその敷地等を譲渡した場合で一定の要件に該当する場合には、「第１項に規定する居住用財産を譲渡した場合に該当するものとみなして同項の規定を適用する」とされています。

したがって、いずれも「居住用財産」を譲渡した場合として、3,000万円の特別控除の適用があり、同年中に両方の譲渡があった場合には、いずれの特例の適用も受けられます。ただし、特別控除の額はそれぞれの特例ごとではなく、その年分で合計3,000万円が限度になります。

なお、相続人が３人以上であるときの相続空き家譲渡の特例の特別控除の額は2,000万円になります（事例６－２参照）。この場合、同一年中に本人の居住用財産も譲渡した場合の特別控除の額については事例９－６を参照してください。

２　二つの特例の違い

（１）　他の特例等との重複適用の制限

本人居住用財産と被相続人居住用財産を譲渡した場合のそれぞれの譲渡所得の特例には、連年適用や他の特例との重複適用（併用）などの制限があります。すなわち、その譲渡について、他の特例の適用を受ける場合には、それぞれ居住用財産を譲渡した場合の特例の適用はできないことになりますが、その概要は次表のとおりです。

○特例の重複適用（併用）等に関する制限

特例の種類	それぞれの特例に固有な制限（Ａ）	二つの特例に共通する制限（Ｂ）
本人居住用財産を譲渡した場合の特別控除の特例（措法35②）	前年、前々年にこの規定又は本人居住用財産を譲渡した場合の他の特例の適用を受けている場合（措法36の２・36の５・41の５・41の５の２）	次の特例のいずれかの適用を受ける場合 ・固定資産の交換の特例（所法58） ・優良住宅地の造成等のために土地等を譲渡した場合（措法31の２） ・収用交換の特例（措法33～
相続空き家譲渡の特例（措法35③）	・相続税の取得費加算の特例（措法39）の適用を受ける場合	

	・その被相続人居住用財産に本特例を適用している場合（１回だけの適用制限）	33の４） ・**2,000万円・1,500万円・1,000万円の特別控除の特例**（措法34・34の２・35の２） ・事業用資産の買換え・交換の特例（措法37・37の４） ・立体買換えの特例（措法37の５）

(注)　(B)欄のうち、太字の特例については、それぞれの条文に租税特別措置法35条と重複適用ができない旨規定されています。

なお、上記の重複適用の制限は、あくまでも、その譲渡に対して重複して特例の適用を受けることができないという制限になっていますので、例えば、同年中に本人居住用財産の譲渡とは別の土地が収用され、その別の土地の収用について収用交換の特例を適用することは可能です（注)。

(注)　ただし、その別の土地の収用についても特別控除の特例を適用する場合は、特別控除の累積限度額の制限（措法36）を受ける場面がある点に注意してください。

（２）　連年適用の制限に関する両者の特例の違い

本人居住用財産を譲渡した場合の3,000万円の特別控除の特例についてはその適用を３年に１回に制限する規定が設けられています。

一方、相続空き家譲渡の特例についてはそのような制限はありません。ただし、この特例の適用は１回に限られています（**事例10－３**など参照)。

なお、この二つの特例について同一年中の適用を排除する規定はありません。

３　判　断

その譲渡が同年中であっても、本人居住用財産（措法35②）と被相続人居住用財産（措法35③）の２つの特例を適用することができます。ただし、特別控除の額は合計で3,000万円が限度になります。

なお、年を変えてそれぞれの特例を適用することもできます。例えば、次の事例９－５のケースなどのように、今年に相続空き家譲渡の特例を適用し、翌年に本人居住用財産譲渡の特例を適用すると、各年の譲渡について、それぞれ特別控除額の上限額である3,000万円の控除を適用することが可能です。

（梶野　泰子）

９－５　本人居住用財産と相続空き家譲渡について、別々の基準で課税時期を判断する場合

事　例	判　断
私は現在住んでいる自宅を今年10月に売却する契約を締結しましたが、その引渡しは翌年３月末の予定です。また、私は、３年前に、父が一人で住んでいた家屋とその敷地を父から相続により取得しました。そしてその家屋を取り壊して、今年の12月に土地の売買契約を締結しましたが、こちらの引渡しは翌年２月１日になります。 なお、それぞれ譲渡益は3,000万円を超える見込みです。また、父から相続により取得した土地については相続空き家譲渡の特例の適用が可能な譲渡の期限が今年の12月末になっています。 これら２つの譲渡について、次の①及び②の申告を行うことはできますか（①と②を別の基準で申告することはできますか。）。 ①　相続により取得した土地の譲渡については売買契約日を譲渡があった日として申告（本年分の譲渡として申告） ②　私の自宅の譲渡については引渡しを基準として申告（来年分の譲渡として申告）。	○

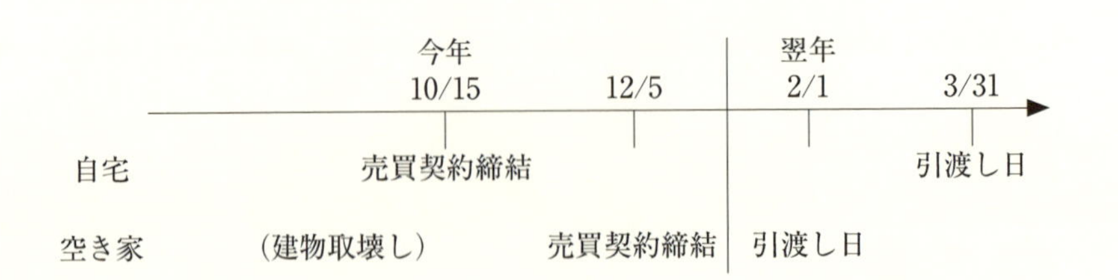

POINT

1　譲渡所得の収入すべき時期

譲渡所得は資産の譲渡による所得ですが、その総収入金額の収入すべき時期は、譲渡所得の基因となる資産の引渡しがあった日によります（所基通36－12）。ただし、納税者の選択により、その資産の譲渡に関する契約の効力発生の日によることも認められています（所基通36－12ただし書）。なお、譲渡代金の全額を受領した場合には、資産の譲渡による所得の実現があったと考えられることから、譲渡所得の総収入金額の収入すべき時期は、原則として譲渡代金の決済を了した日より後にはならないとされています（所基通36－12（注）１）。

このように、譲渡所得の総収入金額の収入すべき時期は、民法の所有権の移転という法律関係により判定することにはなっていません。これは、所得の確定は、現実に利得を享受し、それを支配管理しているか否かという事実関係に着目して行うべきであるという考え方によるものです（今井慶一郎ほか共編『令和６年版所得税基本通達逐条解説』351頁（大蔵財務協会、2024））。

なお、同年中に複数の資産の譲渡契約をし、引渡しは年内に終わらない場合、収入すべき時期の判定基準を同一にするべきか否かについては、譲渡所得の計算は譲渡した資産ごとに行うことから、判定基準も譲渡ごとに適用することになります（所得税基本通達36－12も納税者による選択に制約を加えていません。）。

ただし、譲渡所得の収入すべき時期としていずれかの日を選択して申告した場合、その後、その時期を変更（選択替え）することはできませんので注意が必要です（このような変更に関する更正の請求や修正申告に法律上の理由がないことによります（同様の点が関連してくるケースとして事例10－１と事例10－２を参照してください。）。）。

2　譲渡所得の収入すべき時期と特例の適用要件の判定の時期

譲渡所得の総収入金額の収入すべき時期を上記1によって申告する際に、適用を受けようとする譲渡所得の特例に「譲渡の時期」が要件として出てくる場合には、収入すべき時期として選択した時期において特例の適用を満たしているか判定することになります。

例えば、相続空き家譲渡の特例は、「相続開始の日から3年を経過する日の属する年の12月31日まで」に譲渡した場合に適用できますが、この譲渡の日は譲渡所得の収入すべき時期として申告した譲渡の日により判定することになります。したがって、引渡日を基準に申告する場合、引渡日において本特例の適用可能な譲渡期間を過ぎているのであれば、契約締結日は本特例の適用可能な譲渡期間内にあることを理由として特例を適用することはできません。

なお、上記の事例については、契約締結日を譲渡所得の収入すべき時期として選択して申告することによって、特例の適用を受けることができます。

3　判　断

(1)　同一年中における2つの特例の適用

本人居住用財産を譲渡した場合の3,000万円の特例と相続空き家譲渡の特例は同一年中に適用できます。ただし、特別控除の額は、両者併せて3,000万円が限度になります。

事例の場合、それぞれの譲渡について契約締結日を基準にして申告すると、両方とも本年分の譲渡所得になります。それぞれの譲渡はそれぞれの特例の適用要件を満たしていますが、譲渡益がそれぞれ3,000万円を超えますので、この年の特別控除の額が3,000万円を限度とすることから、両方とも特例の対象にしたとしても特別控除の額は合計で3,000万円になります。

（2）　相続空き家譲渡の特例の適用可能な譲渡の期限

事例の場合、相続空き家譲渡の特例を適用する場合の譲渡の期限は今年の12月末までなので、被相続人居住用財産の譲渡は契約締結日を譲渡所得の収入すべき時期として申告しないと相続空き家譲渡の特例の適用ができません。

したがって、相続空き家の譲渡については契約締結日を基準にして本年分、自宅譲渡については引渡日を基準として来年分として申告することにより、特別控除額もそれぞれ3,000万円まで控除することができます。

（梶野　泰子）

9－6　相続人が３人以上であるときの同一年中に本人居住用財産と被相続人居住用財産の譲渡があった場合

事　例	判　断
２年前に父が亡くなり、父が１人で住んでいた家屋とその敷地を私と他の相続人２人との３人の共有で相続しました。家屋は取り壊し、敷地を売りに出していたところ、今年になって売却することができ、その譲渡益は一人当たり約4,000万円です。また、私は、今年、自分の自宅も売却しており、その譲渡益は500万円です。 それぞれの譲渡について、相続空き家譲渡の特例と本人（自己）の居住用財産を譲渡した場合の特別控除の特例の要件は満たしています。 私の今年の譲渡益は4,500万円なので、譲渡所得の計算において、特別控除として3,000万円満額を控除することができますか。	

POINT

1　特別控除の限度額

居住用財産を譲渡した場合の特別控除の額は3,000万円です（措法35①）。居住用財産を譲渡した場合には、①本人（自己）の居住用財産を譲渡した場合（措法35②）と、②被相続人の居住用財産を譲渡した場合（措法35③）の２つがありますが、同年中に両方の特例の適用を受ける場合であっても特別控除の額は、合計で3,000万円が限度になります。

ただし、令和６年１月１日以降の譲渡から、相続により被相続人居住用家屋及びその敷地等を取得した相続人の数が３人以上である場合には、この特例の特別控除の額が2,000万円になりました（措法35④）。

この場合において、その相続人がその年に本人の居住用財産を譲渡して居住用財産を譲渡した場合の3,000万円の特別控除の適用も受ける場合の合計の特別控除の額は、3,000万円の範囲内で次の表のとおり計算します（措令23⑥⑦、措通35－７の２）。この計算は、相続人が３人以上の場合に被相続人居住用財産を譲渡した場合の特別控除の額が2,000万円になっても、同年中の特別控除の額は3,000万円であることから、両方の特例の適用を受ける場合、被相続人居住用財産の譲渡益から控除される特別控除の額が2,000万円を超えないように計算するものです。

なお、次の表において、本人居住用財産を譲渡した場合の特別控除の対象になる譲渡所得の金額をＡ、相続空き家譲渡の特例の対象になる譲渡所得の金額をＢとします。

	控除する額の算定	
（１）　短期譲渡所得の金額から控除される額 （Ａ・Ｂ共に短期）	①3,000万円 ②Ａ＋Ｂ （Ｂ≦2,000万円）	①と②のいずれか低い金額
（２）　長期譲渡所得の金額から控除される額 （Ａ・Ｂ共に長期）	①3,000万円 （（１）があるときは3,000万円－（１）） ②Ａ＋Ｂ （Ｂ≦2,000万円、（１）のＢがあるときは2,000万円－（１）Ｂ）	①と②のいずれか低い金額

２　事例の場合に控除できる特別控除の額

事例の場合、被相続人居住用家屋及びその敷地を相続したのは全部で３人になりますので、相続空き家譲渡の特例の特別控除の額は

2,000万円になります。また、同じ年に本人の居住用財産を譲渡した場合の特別控除の特例を適用する場合には、その年の特別控除の額は、上記の表の計算によります。

この事例のケースについて、具体的に控除できる特別控除の額は次のとおりです。

（1） 本人居住用財産の譲渡による譲渡所得の金額(A)と被相続人居住用財産の譲渡による譲渡所得の金額(B)の区分（長期・短期）が同じ場合

① 3,000万円

② A 500万円 ＋ B＊ 2,000万円 ＝ 2,500万円

＊：譲渡益は4,000万円だが控除額は2,000万円が限度

控除される額 ① ＞ ② …… ②2,500万円

したがって、特別控除の額は2,500万円になります。

（2） Aが短期譲渡所得、Bが長期譲渡所得の場合

ア 短期譲渡所得の金額から控除される額

① 3,000万円

② A 500万円 ＋ B －円 ＝ 500万円

控除される額 ① ＞ ② …… ②500万円

イ 長期譲渡所得の金額から控除される額

① 3,000万円 － 500万円（上記アの額） ＝ 2,500万円

② A －円 ＋ B＊ 2,000万円 ＝ 2,000万円

＊：譲渡益は4,000万円だが控除額は2,000万円が限度

控除される額 ① ＞ ② …… ②2,000万円

したがって、特別控除の額の合計は、

ア500万円 ＋ イ2,000万円 ＝ 2,500万円

（3）　Aが長期譲渡所得、Bが短期譲渡所得の場合

ア　短期譲渡所得の金額から控除される額

①　3,000万円

②　A －円 ＋ B＊ 2,000万円 ＝ 2,000万円

＊：譲渡益は4,000万円だが控除額は2,000万円が限度

控除される額　①＞②　……　②2,000万円

イ　長期譲渡所得の金額から控除される額

①　3,000万円 － 2,000万円（上記アの額）＝ 1,000万円

②　A 500万円 ＋ B －円 ＝ 500万円

控除される額　①＞②　……　②500万円

したがって、特別控除の額の合計は、

ア2,000万円 ＋ イ500万円 ＝ 2,500万円

3　判　断

事例のように、それぞれの特例の対象になる譲渡益が合計で3,000万円を超えていても、特別控除の額3,000万円満額を控除できないケースがあるので注意が必要です。

なお、事例の場合で、本人の居住用財産を譲渡した場合の譲渡益が1,000万円を超える場合であれば、特別控除の額は合計で3,000万円になります。

（梶野　泰子）

9－7　居住用財産を譲渡した場合の長期譲渡所得の課税の特例との適用関係

事　例	判　断
昨年父が亡くなり、父が1人で住んでいた自宅（及びその敷地）を私が相続しました。この自宅は現在の耐震基準を満たしていない古い家屋なので、取壊しの上、売却するつもりです。売却価額は約9,000万円、譲渡益は約7,000万円になる見込みです。 ところで、本人の居住用財産を譲渡した場合で、10年以上所有していた長期譲渡所得に該当する場合は、3,000万円の特別控除の特例のほかに、適用される税率が軽減される特例があり、2つの特例を併用できると聞いています。 被相続人の居住用財産を売った場合にも税率が軽減される特例を適用できますか。	

POINT

1　居住用財産を譲渡した場合の長期譲渡所得の課税の特例（概要）

譲渡をした年の1月1日において所有期間が10年を超える居住用財産を譲渡した場合については、税率が軽減される特例があります（措法31の3）（以下「軽減税率の特例」といいます。）。具体的には、一般の長期譲渡所得の税率は、所得税が15％（注）、住民税が5％ですが、この軽減税率の特例は次表のとおりです（次表の「課税長期譲渡所得金額」は、特別控除適用後の金額になります。)。

(注)　このほかに復興特別所得税が税額に対して2.1%かかります。以下同じです。

○軽減税率の特例（適用税率）

課税長期譲渡所得金額	所得税	住民税
6,000万円までの部分	10%	4%
6,000万円を超える部分	15%	5%

軽減税率の特例が適用される居住用財産の範囲（措法31の3②）は、本人の居住用財産を譲渡した場合の3,000万円の特別控除の特例の対象になる居住用財産の範囲（措法35②）と同じですが、譲渡した年の1月1日において所有期間が10年を超えるものに限られます。

なお、軽減税率の特例は本人の居住用財産を譲渡した場合の3,000万円の特別控除の特例と併用することができます。

2　相続空き家譲渡の特例と軽減税率の特例との関係

居住用財産を譲渡した場合の特別控除の特例（措法35①）が規定する「居住用財産」は、本人の居住用財産（措法35②）と被相続人の居住用財産（措法35③）の両方を含みます。

規定を見てみると、まず、本人の居住用財産については、これを規定する租税特別措置法35条2項に、「前項に規定する居住用財産を譲渡した場合とは、……」として本人の居住用財産を譲渡した場合の範囲が規定されています。

次に、同条3項に、被相続人居住用財産を譲渡した場合は、「第1項に規定する居住用財産を譲渡した場合に該当するものとみなす」と規定されているためです。

一方、軽減税率の特例の対象になる「居住用財産」を定義している租税特別措置法31条の３第２項は「当該個人の居住の用」と規定しており、この「当該個人」とは、その譲渡をした者（譲渡者本人）を指していますので、本人の居住用財産だけを対象にしています。

３　判　断

相続空き家譲渡の特例の適用を受けた場合、上記２のとおり、その譲渡所得に対して、軽減税率の特例（措法31の３）の適用はありません。

（梶野　泰子）

9－8　住宅借入金等特別控除との適用関係

事　例	判　断
私は、今年6月に住宅ローンを組んで自宅を購入し、家族とともに居住しています。また、同時期に父が急逝し、父が1人で住んでいた家屋と敷地を私が相続しました。この家は古い家屋なので、取壊しの上、売却するつもりです。 私は本年分の所得税の申告でいわゆるローン控除の適用を受ける予定です。一方、今後、父が居住していた自宅の敷地を売った場合、相続空き家譲渡の特例があると聞いていますが、この特例の適用を受けた場合、引き続きローン控除の適用を受けることはできますか。	○

POINT

1　ローン控除等と本人の居住用財産を譲渡した場合の譲渡所得の特例との関係

個人が住宅ローン等を利用してマイホームの新築、取得又は増改築等をした場合で、一定の要件を満たすときは、住宅ローン等の年末残高の合計額等を基として計算した金額を一定の年数にわたってその所得税額から控除できる住宅借入金等特別控除（以下「ローン控除等」といいます。）があります（措法41ほか）。一方、本人の居住用財産を譲渡した場合の譲渡所得に対しても、譲渡益がある場合と譲渡損の場合の別に次表の特例が設けられています。

○本人居住用財産の譲渡所得関係の特例

譲渡益の特例	軽減税率（措法31の３） 3,000万円の特別控除（措法35②） 買換え・交換（措法36の２・36の５） 立体買換え（措法37の５）
譲渡損の特例	買換え（措法41の５） 特定居住用財産の譲渡損失（措法41の５の２）

ローン控除等と上表の譲渡所得の特例との関係ですが、譲渡益の特例の適用を受ける場合には、ローン控除等を適用できません（措法41㉔㉕)。この場合、ローン控除等は、譲渡益の特例の適用を受ける年だけでなく、居住年以降、控除可能な年分全てについて適用ができなくなります。一方、譲渡損の特例とローン控除等とは、両者の併用を制限する規定がありませんので、併用が可能です。

2　ローン控除等と相続空き家の特例との関係

上記１と異なり、相続空き家譲渡の特例の適用を受けた場合には、ローン控除等との併用は可能です。ローン控除と他の特例との併用を制限する条文である租税特別措置法41条24項には、「……第35条第１項（同条第３項の規定により適用する場合を除く。次項について同じ)、……」（下線は筆者が表記）と規定されているからです。

なお、本人の居住用財産を譲渡した場合の譲渡所得の特例とローン控除等の併用が制限されているのは、双方とも、人が生活していく上で基本となる住居の確保に対する税制面での支援という政策目的を同じくするものであるのに対し、相続空き家譲渡の特例は空き家の発生を抑制するために設けられたものであり、ローン控除とは制度が設けられた目的に違いがあるためと考えられます。

3　判　断

上記2に引用した租税特別措置法41条24項かっこ書の規定のとおり、ローン控除等と相続空き家譲渡の特例の併用については、特段の制限がありませんので、この事例の場合、相続空き家譲渡の特例とローン控除等との併用は可能です。

ただし、ローン控除等は、その年分の合計所得金額が2,000万円を超える場合には適用がありません（措法41①）。「合計所得金額」は、申告分離譲渡所得金額がある場合は、特別控除前の金額を加算した金額になります（措法31③・32④）。

したがって、両者の併用に関する制限はありませんが、相続空き家譲渡の特例の適用を受ける譲渡所得がある年分にローン控除を適用する際には、この合計所得金額の制限がある点に注意が必要です。

（梶野　泰子）

9－9　小規模宅地等の課税特例との適用関係

事　例	判　断
昨年父が亡くなり、私は父が一人で住んでいたその居宅と敷地を相続しました。私は独身で、勤務先の都合上頻繁に転勤があることから、住まいはずっと賃貸で過ごしてきました。したがって、父から相続により取得した実家も居住する意思はなく、家屋も耐震基準を満たしていない古いものなので取り壊して売却するつもりです。 ところで、この物件は、相続開始後私の甥がその家族とともに自宅を改築するために一時的に住んでいました（甥への貸付けは無償でした。）。その後、相続税の申告や納税も終わったことから、建物を取り壊して土地を売る準備を進めています。 このような場合、相続税については小規模宅地等の課税特例の適用を、譲渡については相続空き家譲渡の特例の適用を受けることはできますか。	相続 ○ 譲渡 ×

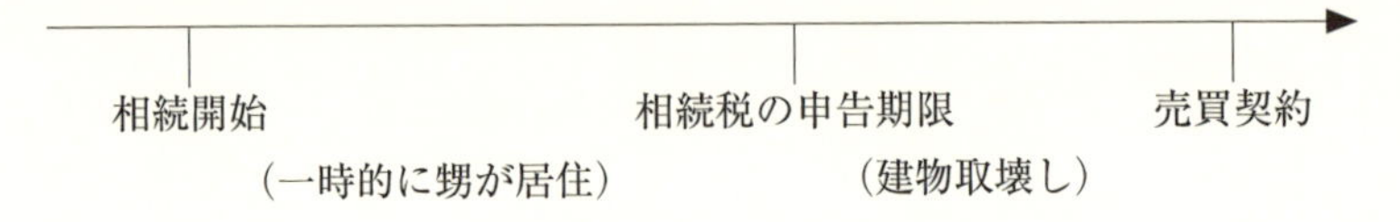

POINT

1　小規模宅地等の課税特例における利用継続要件（いわゆる「家なき子」の場合）

相続開始の直前において被相続人等の居住の用に供されていた宅地等については相続税の課税価格に算入する金額を大幅に減額すること

ができる「小規模宅地等の課税特例」があります（措法69の４）。この特例の適用ができる取得者のうち、「特定居住用宅地等」の適用について、被相続人の配偶者及び被相続人の居住の用に供していた一棟の建物に居住していた者以外の者で、次の①から⑥の要件の全てを満たす者は同特例（特定居住用宅地等）の適用を受けることができます（いわゆる「家なき子」の場合、措法69の４③二ロ、措令40の２⑭⑮、措規23の２④）。

① 居住制限納税義務者又は非居住制限納税義務者（日本国籍を有しない者）ではないこと
② 被相続人に配偶者がいないこと
③ 相続開始の直前において被相続人の居住の用に供されていた家屋に居住していた被相続人の相続人（相続の放棄があった場合には、その放棄がなかったものとした場合の相続人）がいないこと
④ 相続開始前３年以内に日本国内にあるその者又はその者の配偶者、その者の三親等以内の親族又はその者と特別の関係がある一定の法人が所有する家屋に居住したことがないこと
⑤ 相続開始時にその者が居住している家屋を相続開始前のいずれの時においても所有したことがないこと
⑥ その宅地等を相続開始時から相続税の申告期限まで有していること

このように、小規模宅地等の課税特例のうち、いわゆる「家なき子」に該当する場合には、同特例の適用対象になる宅地等について、相続税の申告期限までの所有継続要件はありますが、利用継続要件（利用に関する制限などの要件）はありません。

2　相続空き家譲渡の特例の利用制限要件

被相続人居住用家屋を除去してその敷地を譲渡して相続空き家譲渡の特例の適用を受ける場合、事例７－１にも触れられているように、

相続の時から譲渡の時までの間における利用制限は次のとおりです。

① その家屋は相続開始の時から取壊しの時まで、事業の用、貸付けの用又は居住の用に供されていないこと

② 敷地の全てについて相続開始の時から譲渡の時まで、事業の用、貸付けの用又は居住の用に供されていないこと

③ 家屋取壊し後の敷地が譲渡の時まで建物又は構築物の敷地の用に供されていないこと

上記①及び②の「事業の用、貸付けの用又は居住の用に供されていないこと」については、相続の時から譲渡の時までの間に、被相続人居住用家屋又はその敷地等が事業の用、貸付けの用（無償の貸付けを含みます。）又は居住の用として一時的に利用されていた場合であっても、この要件に該当して特例の適用は不可になります（下線は筆者が表記）（措通35−16）。

3 判　断

この事例のように、対象になる宅地等について、小規模宅地等の課税特例（特定居住用宅地等のうち、いわゆる「家なき子」が取得した場合に限ります（以下同じ）。）と相続空き家譲渡の特例の適用をする場合、前者には利用制限はありませんが、後者には利用制限があります。

したがって、相続した被相続人居住用家屋を相続税の申告期限までに一時的にせよ貸し付けた場合（無償の場合を含みます。）には、その敷地について小規模宅地等の課税特例の適用はできますが、相続空き家譲渡の特例の適用はできなくなりますので、両者に違いがある点に注意が必要です。

この事例の場合、相続税の申告期限の前に、一時的に貸付けの用に供していますが、その点は、その敷地に対する小規模宅地等の課税特

例の適用には影響しません。したがって、この敷地について、小規模宅地等の課税特例の適用を受けることができます。

一方、相続開始の時から家屋を取り壊すまでの間に、被相続人居住用家屋を一時的にせよ貸付けの用に供していますので、相続空き家譲渡の特例の適用はできません。

なお、上記１の説明のとおり、小規模宅地等の課税特例については、相続税の申告期限までその宅地等を継続して保有していることが必要ですので、対象となる宅地を譲渡する予定がある場合には、その時期を相続税の申告期限の後にすることが必要です（注）。

（注）　その他の小規模宅地等の課税特例（特定事業用宅地等（措法69の４③一イ・ロ）、特定居住用宅地等（措法69の４③二イ・ハ）、特定同族会社事業用宅地等（措法69の４③三）及び貸付事業用宅地等（措法69の４③四イ・ロ））については、相続税の申告期限までの対象地に対する所有継続要件とともに、利用継続要件が付されている点に注意してください。

（梶野　泰子）

10 その他

10－1 特例を適用せずに申告した場合

事 例	判 断
次のようなケースの場合、私は、今から更正の請求を行うことで相続空き家譲渡の特例を適用して税金の還付を受けることができるのでしょうか。 ① 私は、2年前に亡くなった父が一人で住んでいた被相続人居住用財産（家屋・敷地）を相続により取得した。 ② その後、家屋を取り壊して、その敷地を昨年売却し、今年の所得税の確定申告において、この土地の売却について一般の譲渡所得として申告書を提出して納税も済ませた。 ③ ところが、後日、友人から聞いたところ相続空き家譲渡の特例を適用して3,000万円を控除できるケースだったことが分かった。	×

POINT

1 「宥恕規定」適用の有無

相続空き家譲渡の特例を適用するためには、所得税の申告書に特例条文など所定の記載を行うとともに市区町村長による確認書などの必要書類を添付することが必要です（措法35⑫）。

そして、租税特別措置法35条13項には、いわゆる「宥恕規定」が設けられています。具体的には、上記の要件を充足する申告手続が行われなかった場合、税務署長が次の２点についてやむを得ない事情があると認めるときは、所定の記載や書類を提出することで、本特例の適用を認めることができることになっています。

① 確定申告書の提出がなかった場合

② 確定申告書の提出があっても、所定の記載や一定の書類の添付（提出）がなかった場合

なお、本特例では、期限内申告書の提出が適用要件になっていません。

２　判　断

あなたは所得税の確定申告書を提出していますので、上記②の場合に該当しています。したがって、本特例を適用せずに申告書を提出したこと（所定の記載や書類の添付がなかったこと）にやむを得ない事情があったかどうかという点を税務署長が判断することになります。

この点、本特例を適用せずに申告を行った事情がつまびらかではありませんが、仮に、単に本特例があることを知らなかったということであれば、やむを得ない事情があったと認められずに本特例を適用することはできないことになります。

加えて、本特例を適用して申告するのか、それとも適用しないで申告するのかという点は、租税特別措置法関係通達35－18《対象譲渡について措置法第35条第３項の規定を適用しないで申告した場合》に「…当該相続人の選択により…」と定められている点から窺えるように、この特例を適用することなく一般の譲渡所得として申告を行った点を、税務署長は基本的に納税者による「選択」と捉えることになります。

（鈴木　雅博）

10－2 敷地の一部を譲渡して既に特例の適用を受けたが、2回目以降の譲渡の譲渡益の方が大きい場合

事 例	判 断
次のようなケースの場合、私は、昨年分の譲渡所得について相続空き家譲渡の特例を適用しないことにする修正申告書を提出することによって、来年申告する今年分の譲渡所得に同特例を適用できますか。 ① 私は父が一人で住んでいた被相続人居住用財産（家屋・敷地）を相続により取得し、昨年、家屋を取り壊してその敷地の一部を売却し、譲渡益1,000万円を生じた。 ② そのため、今年の３月の確定申告において同特例の特別控除の1,000万円を適用した。 ③ 残りの敷地を売却しようとしていたが、今年の夏になって、隣地の所有者から私が予想していた以上の金額で買いたいという申出があり、約1,600万円の譲渡益が見込まれている。	×

POINT

1 特例適用の制限

相続空き家譲渡の特例に関しては、他の不動産取引と同様に対象物件を分割して譲渡する取引場面があります。このため、例えば、本特例の対価要件には、分割譲渡があることを想定した適用前譲渡や適用後譲渡の取扱いが設けられています（措法35⑥⑦）。

そして、より直接的な適用制限規定として、租税特別措置法35条３項柱書に「……（当該相続人が既に当該相続又は遺贈に係る当該被相

続人居住用家屋又は当該被相続人居住用家屋の敷地等の対象譲渡について<u>この項の規定の適用を受けている場合を除き</u>、……）……」（下線は筆者が付記）と規定され、分割して行う２回以上の譲渡に対する本特例の適用制限が付されています（無論、本特例の適用可能な期間の末日を過ぎて譲渡しても、本特例の適用はできません。）。

すなわち、一の被相続人から取得した被相続人居住用家屋又はその敷地の譲渡に本特例を一度適用すると、次年分以降の譲渡に本特例を適用することはできません。

なお、別の被相続人から取得した被相続人居住用家屋・同敷地を譲渡した場合の適用関係は、次の事例10－３を参照してください。

２　判　断

上述したように一度本特例を適用した場合、翌年以降において、その被相続人に係る被相続人居住用家屋・同敷地の譲渡に本特例を適用することはできません。

なお、租税特別措置法関係通達35－18《対象譲渡について措置法第35条第３項の規定を適用しないで申告した場合》には、本事例とは反対に、２回目以降の譲渡に本特例を適用することを予定して１回目の譲渡に本特例を適用しなかったようなケースに関して、１回目の譲渡に本特例を適用できない（選択替えできない）ことを明らかにしています。

また、そもそも、一度納税者が特例を適用した申告を行った場合、本事例のようなケースに事後的な有利選択を認めることは、租税債権・債務の早期確定の観点からも認容されていません。

（鈴木　雅博）

10－３　２人の被相続人から別々に被相続人居住用財産を取得して譲渡した場合

事　例	判　断
次のようなケースの場合、私は、叔母の自宅であった敷地の譲渡について、相続空き家譲渡の特例を適用できますか。 ①　Ｘ１年３月に父が亡くなり、私が、父が一人で住んでいた父所有の被相続人居住用財産（家屋と敷地）を相続により取得した。そして、同年中に家屋を取り壊して敷地を売却し、本特例を適用して譲渡所得の申告を行った。 ②　また、Ｘ２年４月に叔母が亡くなり、私が包括遺贈を受け、叔母が一人で住んでいた叔母所有の被相続人居住用財産を取得した。 ③　この叔母の自宅についても、年内に更地にして売却することを予定している。	○

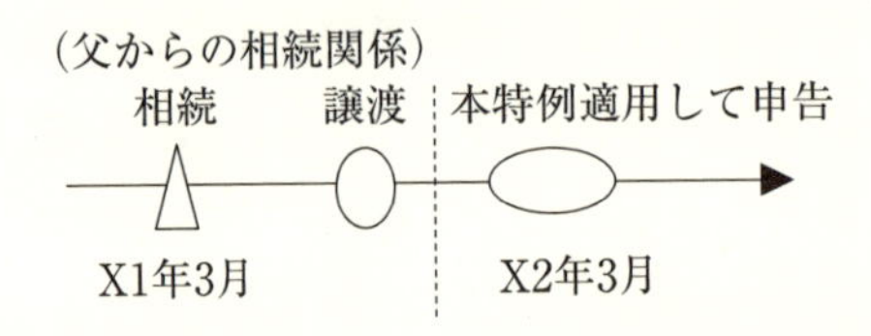

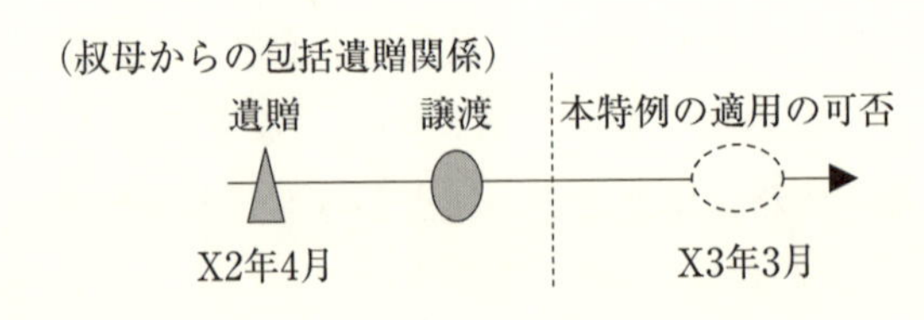

POINT

1　別々の被相続人居住用財産に対する適用関係

事例10－2で触れたように、相続空き家譲渡の特例を一度適用すると翌年分以降におけるその被相続人居住用財産の譲渡への適用が制限されます（無論、本特例の適用が可能な期間の末日までの譲渡に限られた制限です。)。この制限は、租税特別措置法35条3項柱書に「……（当該相続人が既に当該相続又は遺贈に係る当該被相続人居住用家屋又は当該被相続人居住用家屋の敷地等の対象譲渡についてこの項の規定の適用を受けている場合を除き、……）……」（下線は筆者が付記）と規定されています。

ここで注目すべきは、「この項の規定の適用を受けている場合」とは、あなた（当該相続人）が、当該相続又は遺贈に係る当該被相続人居住用家屋又は当該被相続人居住用家屋の敷地等の対象譲渡について本特例を適用している場合と規定されている点です。すなわち、この規定において「当該」は一の「相続又は遺贈」、一の「被相続人居住用家屋又は被相続人居住用家屋の敷地等」を指しています。したがって、譲渡した被相続人居住用家屋又は同敷地について被相続人である父と叔母に係る被相続人居住用財産を区別して、その適用制限を捉えることになります。換言すると、一の被相続人に係る被相続人居住用家屋と同敷地の譲渡は、一人の相続人について1回だけしか本特例を適用できないことになっています。

2　判　断

（1）　本事例への適用

上述したように、当該被相続人居住用家屋と同敷地を被相続人ごとに捉えている適用制限であることから、X1年分に父から取得した被相続人居住用財産に本特例を適用している場合であっても、別の被相続人である叔母から取得した被相続人居住用財産のＸ２年分の譲渡について本特例を適用することができます。

（２）　異なる被相続人から取得した被相続人居住用財産が同一年分の譲渡であった場合の適用関係

いずれの譲渡についても本特例の適用が可能です。しかしながら、特別控除額の3,000万円は、その年分に適用（控除）できる本特例への特別控除額の上限額になります（措法35①）。

なお、他の特別控除の特例の適用を受ける場合、5,000万円の特別控除額の累積限度額がある点に注意してください（次の事例10－４を参照してください。）。

（鈴木　雅博）

10－4　家屋の取壊し前の売買契約日を収入すべき時期（課税時期）として申告した場合

事　例	判　断
次のように、家屋の取壊しの日が売買契約締結日より後になった場合、私は相続空き家譲渡の特例の適用が受けられないのでしょうか。 ①　私は、母から母所有の被相続人居住用財産（家屋・敷地）を相続し、今回売却することになった。 ②　売買契約締結後にその家屋の全部を翌年２月15日までに取り壊して更地にして翌年２月末までに引き渡すことになっている。 ③　一方、翌年には、他の土地も道路用地として市に収用されることになり、5,000万円の特別控除（措法33の4）を適用する予定である。 ④　このため、母から相続した敷地の譲渡について、いわゆる「契約日ベース」で、本年分の譲渡所得として申告しようと考えている。	○

POINT

1　課税時期に関する取扱い

所得税基本通達36－12《山林所得又は譲渡所得の収入金額の収入すべき時期》は、譲渡所得の収入すべき時期（課税時期）を「譲渡資産の引渡しのあった日」としています。もっとも、納税者の選択によって、「契約の効力の生じた日」を課税時期とすることができます。

したがって、譲渡資産の引渡しが翌年であったとしても、本事例のように、翌年に特別控除額の累積限度額の適用制限（措法36）の場面が生じるのであれば、母から相続した被相続人居住用財産の譲渡に関して契約日を課税時期として本年分の譲渡所得として申告し、相続空き家譲渡の適用を検討する場面が生じてきます。

2 本特例と建物の取壊しの時期

（1） 租税特別措置法35条３項２号の規定

本特例の適用を受ける譲渡のパターンとして、租税特別措置法35条３項には、耐震基準適合のリフォームを行うケースや家屋の全部取壊しを行うケースが規定されています（措法35③一～三）。

本事例のように家屋を取り壊して更地として譲渡する場合は、同項２号の適用対象となりますが、同号は「当該相続又は遺贈により取得をした被相続人居住用家屋（……）の全部の取壊し若しくは除却をした後……における当該相続又は遺贈により取得をした被相続人居住用家屋の敷地等（……）……の譲渡」（下線は筆者が付記）と規定されているので、取壊し等が行われた後にその譲渡が行われることを適用要件としています（注）。

（注） 租税特別措置法35条３項１号は、耐震基準適合のリフォームを行って、家屋と敷地を譲渡するパターンになっていますが、同号ロにより、リフォーム工事を終える時期が「譲渡の時まで」という制限が付されています。

このため、課税時期を契約日とした場合、契約日より後に家屋の取壊しが行われている本事例にはこの特例を適用ができないのではないかという疑問が生じてきます（令和５年分までの譲渡については、この要件に抵触するので、引渡日を課税時期として申告しないと本特例を適用できませんでした。）。

（2）　租税特別措置法35条3項3号に関する3項柱書かっこ書の規定

一方、上記の点に関して、同法35条3項柱書に「……次に掲げる譲渡（……）をした場合（……第3号に掲げる譲渡をした場合にあつては、当該譲渡の時から当該譲渡の日の属する年の翌年2月15日までの間に、当該被相続人居住用家屋が耐震基準（……）に適合することとなつた場合又は当該被相続人居住用家屋の全部の取壊し若しくは除却がされ、若しくはその全部が滅失をした場合に限る。）には、……」（下線は筆者が付記）と規定されています（3号には、1号や2号のように、リフォーム完了などに関する「譲渡の時」に関する制限はなく、上記の3項柱書かっこ書の規定、すなわち、この譲渡の時から翌年2月15日までの期限によって規律されています。）。このため、譲渡があった日より後に家屋の全部取壊しが行われている場合であっても、その譲渡の日の属する年の翌年2月15日までの間に取壊しが行われていれば、本特例における家屋の取壊し要件を満たすことになります。

したがって、上記の点を踏まえて、家屋の取壊しについて売買契約における特約などとして、その取壊しの実行に関する合意を行っておくことが必要です（注）。

（注）　租税特別措置法35条3項3号の適用場面では、一般的には買主側における家屋のリフォームや取壊しが行われることが多いように思われます（国土交通省HP「「空き家の発生を抑制するための特例措置（空き家の譲渡所得の特別控除）」における特約等の例」（https://www.mlit.go.jp/jutakukentiku/house/content/001633561.pdf）参照）。

しかしながら、リフォームなどの実施（発注）主体を買主に限定している要件は規定されていませんので、譲渡者が契約日を譲渡の日とした場合であっても、引渡日までに家屋のリフォームや取壊しを行うことがあります。

3　判　断

譲渡の日（本事例においては契約日）より後に建物の取壊しが行われた場合であっても、譲渡の日の属する年の翌年２月15日までに取壊しが行われていれば、本特例の適用が可能です（耐震基準適合家屋へのリフォームも同様です。）。

なお、令和５年度税制改正による特例対象の拡充は、本事例のようなケースにも影響が及んでくる点に注意が必要です。

また、念のため申し添えると、例えば、リフォームや家屋の取壊しを行う売買で、年末近くに契約を締結し、引渡しが翌年であるケースについて、翌年２月15日前のリフォーム工事の完了などの見込みが確実でないような場合は、引渡しベースで申告を行うことになります。

（鈴木　雅博）

10－5　信託契約における残余財産として被相続人居住用家屋等を取得した場合

事　例	判　断
次の場合、私は、私の母が一人で住んでいた家屋及びその敷地（以下「本件物件」とします。）を遺贈により取得したものとして、その譲渡に、相続空き家譲渡の特例の適用を受けることができますか。 ①　私の母が一人で住んでいた本件物件について、次の信託契約を締結していた。 ＜信託契約の内容等＞ ・信託財産　本件物件（母の居住家屋及び敷地） ・委託者　母 ・受益者　母 ・受託者　私 ・信託終了事由　母の死亡 ・帰属権利者　私 ②　この度母が亡くなり信託が終了し、本件物件は帰属権利者である私に帰属することとなった。 ③　本件物件は相続により取得した財産には該当しないが、母の相続開始に伴い遺贈により取得したものとして、相続税の課税対象となっている。	

POINT

1　概　要

相続空き家譲渡の特例は、相続により、被相続人居住用財産（被相続人居住用家屋及び同敷地）を取得した相続人が、その家屋又は敷地を譲渡し、一定の要件を満たしている場合に適用されます（措法35①③）。

2　相続税法における取扱い

受益者の相続開始に起因して信託が終了し、帰属権利者が信託に係る残余財産を取得した場合、この取得は、民法上の「相続」や「遺贈」には該当しません。しかしながら、相続税法上は、同法9条の2《贈与又は遺贈により取得したものとみなす信託に関する権利》の規定に基づき、遺贈により取得したものとみなして相続税の課税対象になっています（適正な対価の負担がある場合を除きます。）。

3　租税特別措置法における取扱い

ここで、相続税法におけるみなし規定が、租税特別措置法（の所得税関係の規定）の適用にも及ぶのかという疑問が生じてきます。

この点、租税特別措置法における特例は本来課されるべき租税を政策的な見地から特に軽減等するものであることから考えると、条文の文言に照らして厳格に解されるべきとされています。したがって、租税特別措置法に準用規定がない場合は、上述のみなし規定を準用することはできないと考えられています（例外的な条文として、租税特別措置法70条があります。）。

このため、例えば、小規模宅地等の課税特例（措法69の4）や、相続税の取得費加算の特例（措法39）、あるいは、相続した株式をその発行した非上場会社に譲渡した場合のみなし配当の課税の特例（措法9の7）においては、「相続」の定義として相続税において相続等による取得とみなされたものを含む旨を規定しています。

4　判　断

(1)　適用の可否

本特例については、相続税法9条の2のみなし規定を準用する旨の規定はありません。

このことから考えると、本特例の適用においては、信託終了に伴う帰属権利者による財産の取得は、相続・遺贈による取得には該当しないものとして取り扱う、つまり、信託終了に伴う財産の取得についてはは本特例の適用はできないものとして取り扱われることになります。

（2）　文書回答事例

本事例に関連し、国税庁HPの文書回答事例において同趣旨の回答があります（文書回答事例＞譲渡・山林所得＞「信託契約における残余財産の帰属権利者として取得した土地等の譲渡に係る租税特別措置法第35条第３項に規定する被相続人の居住用財産に係る譲渡所得の特別控除の特例の適用可否について」（令和４年12月20日付東京国税局回答））。この文書回答では、上記の相続税法と租税特別措置法の適用関係のほかに、その実態面の理由として、「……相続人が、相続により、その意思の如何にかかわらず、被相続人居住用家屋等の適正管理の責任を負うこととなることを踏まえた趣旨の下、適用対象者を相続人に限定し、かつ、「相続又は遺贈による被相続人居住用家屋等の取得」をした場合に限り適用すると規定したものであると考えられるところ、信託終了による残余財産の取得は法律上の相続又は遺贈には当たらず、受託者（照会者）は信託行為の当事者であること、信託行為の当事者ではない帰属権利者は、その権利を放棄することができること（信託法183③）を踏まえると、上記本件特例の趣旨の下では、帰属権利者による残余財産の取得を相続人による相続又は遺贈による財産の取得と同様に取り扱うことは相当ではないと考えられます。」という点を挙げていますが、この理由付けには、いささか疑問が残る余地があるように思われます。

（塩野入　文雄）

索　　引

事 項 索 引

【あ】

【い】

【か】

【き】

【け】

【こ】

【さ】

【し】

【せ】

【と】

【ね】

【に】

【ひ】

【ふ】

相続空き家譲渡の3,000万円特別控除
―事例別の適用判断―

令和６年11月21日　初版発行

編　著　塩野入文雄
　　　　鈴木　雅博

著　梶野　泰子
　　小林磨寿美
　　分銅　雅一
　　山岡　美樹

発行者　河合誠一郎

発行所　新日本法規出版株式会社

本社総轄本部　(460-8455)　名古屋市中区栄１－23－20

東京本社　(162-8407)　東京都新宿区市谷砂土原町２－６

支社･営業所　札幌・仙台・関東・東京・名古屋・大阪・高松
広島・福岡

ホームページ　https://www.sn-hoki.co.jp/

【お問い合わせ窓口】

新日本法規出版コンタクトセンター

0120-089-339（通話料無料）

●受付時間／９：00～16：30（土日・祝日を除く）

ISBN978-4-7882-9394-6

5100344　相続空き家